DE VOLTAIRE.

le Roi de Prusse.

Par ses très humbles et très obéissants serviteurs

Dardel a Le Grand

DAS KULTURELLE GEDÄCHTNIS • VERLAG •

ASTV NON VI

DIE SAMMLUNG DER

FÜNF KATECHISMEN

*VERLAG
DAS KULTURELLE
GEDÄCHTNIS*

VOLTAIRE

GEGEN DEN HERRSCHAFTSANSPRUCH DER RELIGIONEN

ÜBERSETZT UND BENACHWORTET VON TOBIAS ROTH

Katechismus des Gärtners

oder

Gespräch zwischen dem Pascha Tuctan und dem Gärtner Karpos[1]

Hochzahl
erläuternde Noten, die der Übersetzer den Texten beigegeben hat

●
Noten, die Voltaire selbst seinen Texten beigegeben hat

1
Der Name des Gärtners ist sprechend, er bedeutet auf Griechisch „Frucht". Der Gärtner Karpos aus Samos erinnert zudem an den namenlosen Gärtner aus Konstantinopel, der im letzten Kapitel von Voltaires *Candide* (1759) einen kurzen, aber entscheidenden Auftritt hat: Durch das Beispiel und die Worte dieses tätigen, gastfreundlichen und glücklichen Muslims kommt der Titelheld Candide nach seiner abenteuerlichen Reise durch die Geisterbahn der Worte und der Gewalt endlich bei den friedlichen Sachen, endlich in einem Garten an – den es, mit dem berühmten letzten Satz des Romans, zu bestellen gilt: *il faut cultiver notre jardin*.

TUCTAN
Also, mein Freund Karpos, du verkaufst dein Gemüse ziemlich teuer, aber dafür ist es gut. Welcher Religion hängst du gerade an?

KARPOS
Nun ja, mein Pascha, das kann ich Euch gar nicht so einfach sagen. Als unsere kleine Insel Samos noch den Griechen gehörte, musste ich sagen (daran erinnere ich mich noch), dass das *agion pneuma* nur aus dem *tou patrou* hervorgeht;[2] und ich sollte Gott aufrecht auf den Beinen stehend und mit gekreuzten Armen anbeten; und ich durfte in der Fastenzeit keine Milch zu mir nehmen. Dann kamen die Venezianer und mein venezianischer Pfarrer ließ mich sagen, dass das *agion pneuma* von dem *tou patrou* und dem *tou you* herstammt; er erlaubte mir die Milch und ließ mich Gott auf den Knien anbeten. Die Griechen sind zurückgekommen, sie haben die Venezianer verjagt, also musste ich dem *tou you* und der Sahne wieder abschwören. Dann habt schließlich ihr die Griechen davongejagt, und ich höre euch nach Leibeskräften *Allah illa'llah* schreien. Ich weiß nicht mehr genau, was ich bin.

2 Karpos skizziert den Hauptunterschied zwischen der christlichen Ost- und Westkirche: Für die Griechen geht der Heilige Geist nur aus dem Vater hervor, für die Lateiner aber aus dem Vater und dem Sohn. Die Grammatik der von Voltaire verwandten griechischen Worte ist fehlerhaft.

Ich liebe Gott von ganzem Herzen und verkaufe mein Gemüse zu einem völlig vernünftigen Preis.

TUCTAN
Du hast da sehr schöne Feigen.

KARPOS
Mein Pascha, sie stehen ganz zu Eurer Verfügung.

TUCTAN
Man sagt, dass du auch eine hübsche Tochter hast.

KARPOS
In der Tat, mein Pascha, aber sie steht nicht zu Eurer Verfügung.

TUCTAN
Warum das? Elender!

KARPOS
Weil ich ein anständiger Mann bin. Ich kann meine Feigen verkaufen, aber nicht meine Tochter.

TUCTAN
Und welches Gesetz verbietet es dir, die betreffende Frucht zu verkaufen?

KARPOS
Das Gesetz aller anständigen Gärtner. Die Ehre meiner Tochter gehört nicht mir, sondern ihr. Sie ist keine Ware.

TUCTAN
Du bist also deinem Pascha nicht treu ergeben?

KARPOS
Sehr treu sogar, solange es um gerechte Dinge geht und Ihr mein Herr sein werdet.

TUCTAN
Aber wenn dein griechischer Pater eine Verschwörung gegen mich anzetteln und dir im Namen des *tou patrou* und des *tou you* befehlen würde, an dem Komplott teilzunehmen, würdest du das nicht aus Frömmigkeit tun?

KARPOS
Ich? Bestimmt nicht, das würde ich schön bleiben lassen.

TUCTAN
Wieso würdest du deinem griechischen Pater bei einer so guten Gelegenheit nicht gehorchen?

KARPOS
Weil ich Euch Gehorsam geschworen habe und weil ich weiß, dass der *tou patrou* keine Verschwörungen anordnet.

TUCTAN
Da bin ich erleichtert. Wenn nun aber deine Griechen die Insel zurückerobern und mich vertreiben würden, würdest du mir treu bleiben?

KARPOS
Wie soll ich Euch denn treu bleiben, wenn Ihr nicht mehr mein Pascha seid?

TUCTAN
Und was wird aus dem Schwur, den du mir geleistet hast?

KARPOS
Den werdet Ihr dann ebenso wenig in die Finger bekommen wie meine Feigen. Gesetzt den Fall (mit Verlaub), dass Ihr just jetzt, während ich mit Euch spreche, tot umfallt – ist es nicht wahr, dass ich Euch dann nichts mehr schuldig bin?

TUCTAN
Die Annahme gehört sich nicht, aber die Sachlage ist richtig.

KARPOS
Na dann, ob Ihr verjagt oder tot seid, bedeutet das Gleiche, nämlich dass Ihr einen Nachfolger haben werdet, dem ich wiederum einen Schwur leisten muss. Könntet Ihr von mir eine Treue verlangen, die Euch rein gar nichts nützt? Das wäre doch so, als wolltet Ihr mir untersagen, meine Feigen an andere zu verkaufen, nur weil Ihr sie selbst nicht essen könnt.

TUCTAN
Du vernünftelst gerne. Du hast also Prinzipien?

KARPOS
Ja, auf meine Art, es sind wenige, aber sie genügen mir, und wenn ich noch mehr davon hätte, käme ich durcheinander.

TUCTAN
Ich bin neugierig auf deine Prinzipien.

KARPOS
Sie bestehen beispielsweise darin, ein guter Ehemann, ein guter Vater, ein guter Nachbar, ein guter Untertan und ein guter Gärtner zu sein. Weiter gehe ich nicht, und ich hoffe, dass Gott Mitleid mit mir haben wird.

TUCTAN
Und glaubst du, dass er auch mit mir, der ich deine Insel regiere, Mitleid haben wird?

KARPOS
Woher soll ich das wissen? Ist es meine Aufgabe zu erraten, wie Gott mit Paschas verfährt? Das müsst Ihr mit ihm selbst ausmachen, da mische ich mich überhaupt nicht ein. Ich kann mir nur vorstellen, dass Gott Euch ausgesprochen gut behandeln wird, wenn Ihr ein anständiger Pascha seid, wie ich ein anständiger Gärtner bin.

TUCTAN
Bei Mohammed! Ich bin mit diesem Götzendiener sehr zufrieden.

Auf Wiedersehen, mein Freund,
möge Allah Sie beschützen.

KARPOS
Besten Dank. *Theos* habe Mitleid mit Ihnen, mein Pascha.

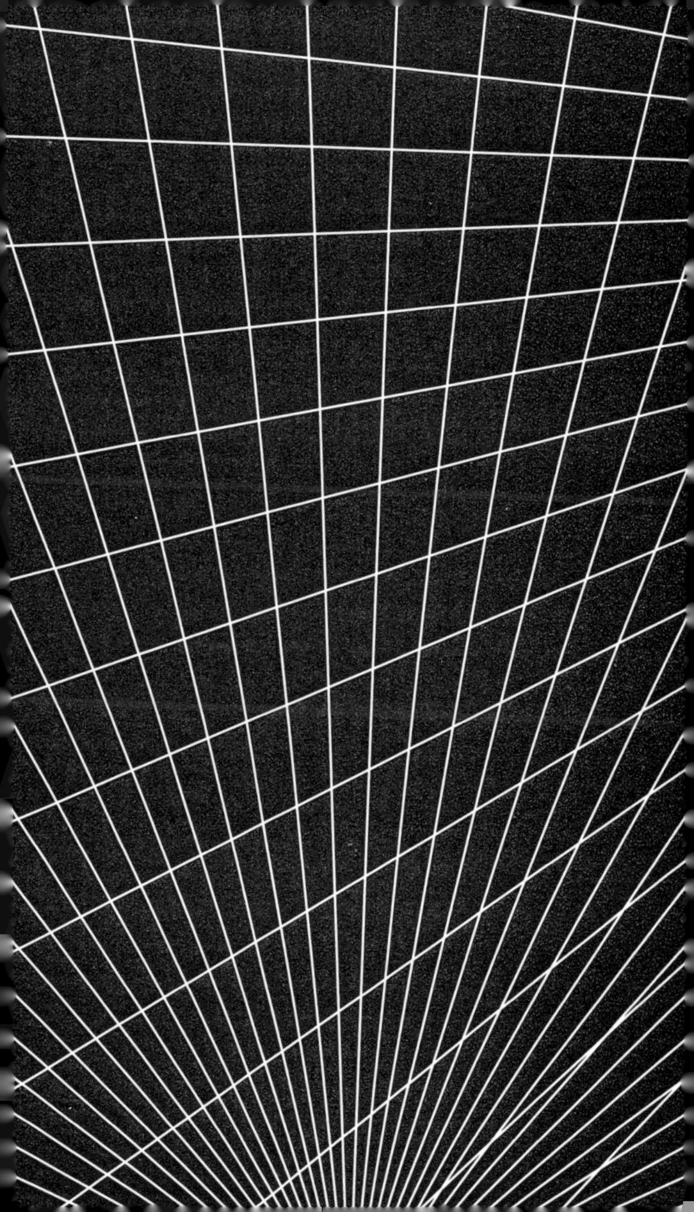

Chinesischer Katechismus

oder

Gespräche zwischen Cu Su, einem Schüler des Konfuzius, und dem Prinzen Ku, Sohn des Königs von Lu, eines Vasallen des chinesischen Kaisers Gnenvan, im Jahre 417 vor unserer Zeitrechnung.

In das Lateinische übersetzt von Pater Fouquet, vormals Jesuit. Das Manuskript findet sich unter der Signatur 42759 in der Biblioteca Vaticana.[1]

1 Voltaires Fiktionen verlieren nie ganz den Kontakt zur Wirklichkeit. Zwar existiert die angegebene Signatur nicht, aber die Biblioteca Vaticana besitzt in der Tat Manuskripte von Jean-François Fouquet (1655-1741), etwa den chinesischen Codex Vat. estr. or. 30. Der Jesuit (der als Kind auf das Pariser Lycée Louis le Grand ging, auf das etwas später auch Voltaire gehen sollte) lebte zwei Jahrzehnte in China, schrieb über Religion und Geschichte des Landes und verbrachte die letzten Jahre seines Lebens in Rom. Prinz Ku ist im (realen) Staate Lu in der betreffenden Zeit nicht nachweisbar, aber sein Lehrer Cu Su könnte Zi Si gewesen sein, der Enkel des von Voltaire bewunderten Konfuzius (6./5. Jahrhundert vor Christus).

Erstes Gespräch

KU
Was soll ich darunter verstehen, wenn man mir sagt, ich müsse den Himmel, Chang-ti,[2] anbeten?

CU SU
Es handelt sich nicht um den materiellen Himmel, den wir sehen, denn dieser Himmel besteht aus nichts anderem als Luft, und diese Luft setzt sich aus den Ausdünstungen der Erde zusammen. Es wäre ein ziemlich absurder Wahn, Dämpfe anzubeten.

KU
Überraschen würde mich das trotzdem nicht. Mir scheint, dass Menschen zu noch viel größerem Wahn fähig sind.

CU SU
Das ist wahr. Aber Ihr seid dazu bestimmt, zu regieren. Ihr habt die Pflicht, weise zu sein.

KU
So viele Völker beten den Himmel und die Planeten an.

CU SU
Die Planeten sind nur Erden wie unsere auch. So könnte beispielsweise der Mond unseren Sand und Schlamm

2 Nach einer von Voltaires wichtigen Quellen, der *Description de la Chine* (1735) von Jean-Baptiste Du Halde (1674–1743), die höchste Gottheit, gleichbedeutend mit dem später noch genannten Tian.

anbeten, wie wir vor dem Sand und Schlamm des Mondes auf die Knie gehen.

KU

Was soll es bedeuten, wenn es heißt: der Himmel und die Erde, in den Himmel aufsteigen, des Himmels würdig sein?

CU SU

Es bedeutet eine außerordentliche Dummheit.[•] Es gibt keinen Himmel. Jeder Planet wird von seiner Atmosphäre wie von einer Schale umgeben und rollt rund um seine Sonne durch den Raum. Jede Sonne ist der Mittelpunkt für mehrere Planeten, die sie beständig umkreisen. Es gibt kein Oben und kein Unten, keinen Aufstieg und keinen Fall. Ihr könnt nachvollziehen, dass die Bewohner des Mondes eine bizarre Aussage treffen würden mit den Worten: zur Erde aufsteigen, der Erde würdig werden. Ebenso plappern wir Worte ohne Bedeutung, wenn wir sagen, man müsse sich des Himmels würdig verhalten. Es ist, als würde man uns sagen, wir müssten uns der Luft oder des Sternbildes Drache oder des Raumes würdig verhalten.

• Vgl. das Stichwort *Himmel.*

KU

Ich glaube zu verstehen. Es genügt, den Gott anzubeten, der den Himmel und die Erde gemacht hat.

CU SU

Zweifellos. Man darf nur Gott anbeten. Aber wenn wir sagen, dass er den Himmel und die Erde gemacht hat, dann ist das eine große fromme Armseligkeit. Denn wenn wir unter dem Himmel jenen unerhörten Raum verstehen, in dem Gott so viele Sonnen anzündete und Welten in Drehung versetzte, dann erscheint die Formulierung *den Himmel und die Erde* noch viel lächerlicher als die Formulierung *die Berge und ein Sandkorn*. Im Vergleich mit den Millionen und Milliarden Universen, unter denen wir verschwinden, ist unsere Weltkugel noch weniger als ein Sandkorn. Wir können nichts anderes tun, als unsere schwache Stimme im Einklang mit jenen zahllosen anderen Wesen zum Lobe eines Gottes, tief im Abgrund der Weite, zu erheben.

KU

So hat man uns also mit der Geschichte betrogen, dass Fo[3] aus dem vierten Himmel zu uns herabgestiegen und in Gestalt eines weißen Elefanten erschienen ist.

[3] Ein chinesischer Name für Buddha.

CU SU

Das sind Märchen, die die Mönche den Kindern und Greisen erzählen. Wir müssen nur den ewigen Schöpfer aller Wesen anbeten.

KU
Aber wie soll ein Wesen in der Lage gewesen sein, die anderen zu machen?

CU SU
Betrachtet diesen Stern. Er ist fünfzehnhunderttausend Millionen Li von unserer kleinen Erdkugel entfernt.[4] Er sendet Strahlen aus, die über Euren Augen zwei gleiche Winkel bis zum Scheitelpunkt bilden; dieselben Winkel bilden sie über den Augen aller Tiere. Drückt sich darin nicht ein Plan aus? Ein bewundernswertes Gesetz? Und wer sollte ein Werk vollbringen, wenn nicht ein Werkmeister? Wer erlässt Gesetze, wenn nicht ein Gesetzgeber? Gibt es also einen ewigen Werkmeister und Gesetzgeber?

4 Ein Li maß etwa 576 Meter; die Zahl klingt gigantisch und soll gigantisch sein, sie misst aber nur etwa ein Zehntel Lichtjahr.

KU
Aber wer hat diesen Werkmeister gemacht? Wie ist er beschaffen?

CU SU
Mein Prinz, ich ging gestern in dem weitläufigen Palast spazieren, den Euer Vater, der König, erbaut hat. Ich überhörte das Gespräch zweier Grillen, die zueinander sagten: „Siehe das ungeheuerliche Gebäude." „In der Tat, so glorreich ich auch sein mag, so gestehe ich doch ein, dass es jemanden gibt, der

gewaltiger ist, als Grillen es sind, und der dieses Wunderwerk gemacht hat. Aber ich habe keinerlei Vorstellung von diesem Wesen. Ich sehe, dass es ist, ich weiß nicht, was es ist."

KU
Lasst Euch gesagt sein, Ihr seid eine gelehrtere Grille als ich, und mir gefällt an Euch, dass Ihr nicht vorgebt zu wissen, was Ihr nicht wisst.

Zweites Gespräch

CU SU
Ihr gebt also zu, dass es ein allmächtiges Wesen gibt, das aus sich selbst heraus existiert, den höchsten Künstler der ganzen Natur?

KU
Ja. Aber wenn es aus sich selbst heraus existiert, kann nichts es einschränken, und ist es also überall? Existiert es also in aller Materie, in jedem Teil von mir selbst?

CU SU
Warum nicht?

KU
Ich selbst wäre also ein Teil der Gottheit?

CU SU
Das ist vielleicht nicht die Konsequenz. Dieses Stückchen Glas ist vollständig von Licht durchdrungen. Ist es deshalb selbst Licht? Es ist nur Sand, nichts weiter. Alles ist in Gott, ohne Zweifel, denn was alle belebt, muss überall sein. Gott ist nicht mit dem Kaiser von China vergleichbar, der in seinem Palast sitzt und Befehle durch Beamte verbreiten lässt. Da er existiert, erfüllt seine Existenz notwendigerweise den gesamten Raum und alle seine Werke.

Er ist auch in Euch, und das sollte Euch zu einem Verhalten aufmuntern, dessen Ihr Euch vor ihm nicht schämen müsst.

KU
Was gilt es also zu tun, wenn man sich selbst ohne Selbstekel und ohne Scham vor dem höchsten Wesen sehen will?

CU SU
Gerecht sein.

KU
Und was noch?

CU SU
Gerecht sein.

KU
Aber die Sekte des Laotse behauptet, dass es Gerechtigkeit und Ungerechtigkeit, Laster und Tugend nicht gibt.

CU SU
Behauptet die Sekte des Laotse auch,
dass es Gesundheit und Krankheit
nicht gibt?

KU
Nein, einen so großen Irrtum behauptet sie keineswegs.

CU SU
Der fehlerhafte Gedanke, dass es die Gesundheit der Seele und die Krankheit der Seele, also die Tugend und das Laster, nicht gibt, ist ebenso schwerwiegend und noch verhängnisvoller. Diejenigen, die behaupten, dass alles gleich ist, sind Ungeheuer. Ist es denn gleichwertig, einen Sohn großzuziehen oder ihn auf

einem Felsen hinzuschlachten? Die eigene Mutter zu unterstützen oder ihr einen Dolch ins Herz zu rammen?

KU
Ihr lasst mich erbeben. Ich hasse die Sekte des Laotse. Aber es gibt so viele Abstufungen der Gerechtigkeit und der Ungerechtigkeit! Welcher Mensch weiß ganz genau, was erlaubt ist und was verboten? Wer könnte mit voller Gewissheit die Linie ziehen, die Gut und Böse trennt? Welche Regel habt Ihr für mich, um sie zu unterscheiden?

CU SU
Die meines Meisters Konfuzius:
Lebe, wie du auf dem Totenbett gelebt zu haben wünschen wirst; behandle deinen Nächsten, wie du selbst von ihm behandelt werden willst.[5]

KU
Ich gebe zu, diese Maximen sollten das Gesetzbuch des Menschengeschlechts sein. Aber was wird es mich auf dem Totenbett kümmern, ob ich gut gelebt habe? Was werde ich davon haben? Wenn dieses Uhrwerk zerstört ist, wird es dann glücklich darüber sein, immer pünktlich geklingelt zu haben?

5 Voltaire zitiert Konfuzius nach dem *Lun yu, ou Livre des sentences*, das sich in Jean-Baptiste Du Halde *Description de la Chine* findet. Mit der ersten Maxime reformuliert Voltaire sehr frei ein kurzes Dialogfragment; die zweite ist geradezu wörtlich zitiert.

CU SU
Dieses Uhrwerk fühlt nichts, denkt nichts,
es kann keine Gewissensbisse haben wie Ihr,
wenn Ihr Euch schuldig fühlt.

KU
Aber wenn ich zahlreiche Verbrechen
begangen habe und dahin gelangt bin,
keine Gewissensbisse mehr zu haben?

CU SU
Nun, dann müsste man Euch unterbinden.
Seid versichert, dass sich unter den Menschen,
die nicht besonders gerne unterdrückt werden,
genügend finden werden, die Euch die Möglich-
keit nehmen, neue Verbrechen zu begehen.

KU
So würde also der Gott in ihnen
erlauben, dass sie Böses tun, nachdem
er es auch mir erlaubt hatte?

CU SU
Gott hat Euch Verstand gegeben, weder Ihr
noch jene sollten ihn missbrauchen.
Ihr werdet sonst nicht nur unglücklich in
diesem Leben sein, sondern auch – oder
habt Ihr anderes gehört? – in einem nächsten.

KU
Und wer hat Euch gesagt,
dass es ein nächstes Leben gibt?

CU SU
Schon im Zweifel über diese Frage müsstet Ihr
Euch verhalten, als ob es eines gäbe.

KU
Aber wenn ich sicher bin, dass es keines gibt?

CU SU
Dann biete ich Euch die Stirn.

Drittes Gespräch

KU
Ihr fordert mich heraus, Cu Su. Um belohnt oder bestraft werden zu können, wenn ich nicht mehr bin, wäre es nötig, dass etwas von mir fortbesteht und weiterhin empfindet und denkt, nachdem ich aufgehört habe. Da nun aber vor meiner Geburt nichts von mir empfinden und denken konnte, wieso sollte das nach meinem Tod so sein? Was sollte dieser unverstehbare Teil meiner selbst sein? Das Summen dieser Biene sollte bleiben, wenn die Biene schon verschwunden ist? Das Wachstum dieser Pflanze sollte fortbestehen, nachdem die Pflanze entwurzelt wurde? Ist *Wachstum* nicht nur ein Wort, dessen man sich bedient, um die unerklärliche Art und Weise zu bezeichnen, mit der das Höchste Wesen die Pflanze die Säfte der Erde aufsaugen lässt? Ebenso ist *Seele* ein Wort, das erfunden wurde, um dürftig und unklar die Triebfedern unseres Lebens zu beschreiben. Alle Tiere bewegen sich, und diese Fähigkeit, sich zu bewegen, nennt man Lebenskraft. Aber es gibt kein einzelnes Wesen, das diese Kraft wäre. Wir besitzen Leidenschaften, ein Gedächtnis, einen Verstand. Aber diese Leidenschaften, dieses Gedächtnis, dieser Verstand sind ohne Zweifel keine Einzelteile, sie sind keine Wesen, die in uns existieren, sie sind keine kleinen Figürchen mit eigenem Dasein. Es sind allgemeine Wörter, erfunden, um unsere Ideen festzuhalten. Die Seele, die unser Gedächtnis, unseren Verstand, unsere Leidenschaften bezeichnet, ist also ihrerseits nur ein

Wort.[6] Wer erzeugt die Bewegung in der Natur? Gott. Wer lässt die Pflanzen wachsen? Gott. Wer erzeugt die Bewegung in den Tieren? Gott. Wer lässt die Menschen denken? Gott.

Wenn die menschliche Seele• ein kleines, in unseren Körper eingeschlossenes Figürchen wäre, das die Bewegungen und Ideen dieses Körpers lenkt, würde das nicht die Ohnmacht des ewigen Weltenbauers anzeigen, einen ihm unwürdigen Taschenspielertrick? Er wäre also nicht in der Lage gewesen, Automaten herzustellen, die die Gaben der Bewegung und des Denkens in sich selbst besitzen. Ihr habt mich das Griechische gelehrt, Ihr habt mich Homer lesen lassen, und mir erschien Vulkan[7] als ein göttlicher Schmied, als er für die Götterversammlung Dreifüße schuf, die sich von selbst bewegten. Aber derselbe Vulkan wäre mir als elender Scharlatan erschienen, hätte er im Inneren dieser Dreifüße je einen

Ilias 18, 368 ↓

6 Die Überzeugung, dass die Seele keine vom Körper getrennte Substanz ist, stellt eine Konstante in Voltaires Philosophie dar; eine ganz ähnliche Argumentation wie in diesem Katechismus kehrt auch im Artikel *Seele* des *Dictionnaire philosophique* wieder. Ebenfalls 1764 erschien der Essai *Fragen für jemanden, der sie lösen will und kann*, in dem Voltaire den Bogen noch weiter spannt. Auch hier kommt das nominalistische Argument zum Einsatz (Wachstum, Bewegung, Leben, Willen, Kraft, Gesundheit usw. sind Wörter und keine Dinge, *mots* und keine *choses*), bei der Diskussion der Tier-Seele, mit der deutlich auch die Mensch-Seele gemeint ist, wird ihr eine rätselhafte Sonderstellung eingeräumt: „Warum bringt uns das Wort *Seele* eher auf die Idee, dass es sich um ein einzelnes, getrenntes Wesen handelt, als jene anderen Wörter? Ist es nicht ebenso offensichtlich, dass in diesem Pferd keine Seele sitzt, wie es offensichtlich ist, dass es all diese metaphysischen Wesenheiten nicht gibt, die nur Wörter sind?" Solche philosophischen Ansichten erscheinen 1764 ohne Angabe des Autornamens.

• Vgl. das Stichwort *Seele*.

7 Sic. Die Lateiner kennt Prinz Ku also auch.

seiner Knechte versteckt, um sie heimlich zu bewegen.

Es gibt kühle Schwärmer, die es für eine schöne Vorstellung gehalten haben, das Rollen der Planeten auf Geister zurückzuführen, die sie unablässig anschieben.[8] Aber Gott war nicht auf dieses jämmerliche Mittel zum Zweck beschränkt. Kurz gesagt, warum sollte man zwei Federn in eine Maschine einbauen, wo eine genügt? Ihr werdet sicherlich nicht zu leugnen wagen, dass es in Gottes Macht steht, jenes kaum erforschte Wesen, das wir Materie nennen, zu beseelen. Warum also sollte er sich eines Handlangers bedienen, um sie zu beseelen?

8 Seitenhieb auf Aristoteles (382–322 vor Christus).

Mehr noch, was soll diese Seele sein, die Ihr so großzügig unserem Körper verleiht? Woher kommt sie? Wann kommt sie? Muss der Schöpfer des Universums also beständig auf der Lauer liegen, ob nicht irgendwo ein Mann und eine Frau sich paaren, damit er genau den Moment abpasst, in dem der Samen den Körper des Mannes verlässt und in den Körper der Frau eintritt, um dann hübsch rasch eine Seele für diesen Samen loszuschicken? Und stirbt der Samen ab, was wird aus der Seele? Entweder ist sie umsonst erschaffen worden oder sie wartet auf eine nächste Gelegenheit.

Da hätten wir also, das gestehe ich gerne zu, eine seltsame Beschäftigung für den Herrn der Welt; und nicht genug damit, dass er beständig den Geschlechtsverkehr der Menschheit überwachen müsste, er müsste es ebenso mit allen Tieren halten, die alle ganz wie wir Gedächtnis, Ideen und Leidenschaften besitzen. Wenn eine Seele die Bedingung für die Ausbildung dieser Empfindungen, dieses Gedächtnisses, dieser Ideen, dieser Leidenschaften ist, dann muss Gott ewiglich daran arbeiten, Seelen für Elefanten und für Schweine und für Eulen und für Fische und für Mönche zu schmieden.

Welche Idee vermittelt Ihr mir vom Architekten so vieler Millionen Welten, dass er es nötig hat, ununterbrochen unsichtbare Schräubchen zu erzeugen, um sein Werk am Laufen zu halten?

Das war ein sehr kleiner Teil der Gründe, die mich an der Existenz der Seele zweifeln lassen.

CU SU

Ihr sprecht offen und ehrlich. Diese tugendhafte Empfindung wird das Höchste Wesen erfreuen, wenn sie auch in die Irre geht. Ihr könnt Euch täuschen, aber Ihr legt es nicht darauf an, Euch zu täuschen, und also seid Ihr zu entschuldigen. Aber denkt daran, dass Ihr nur Zweifel vorgebracht habt, und dass es zudem trübselige Zweifel sind. Gesteht einige tröstlichere Wahrscheinlichkeiten zu. Es ist bitter, zu einem Nichts zu werden. Hofft auf Leben. Ihr wisst, dass ein Gedanke keinerlei Materie ist, Ihr wisst, dass er keinerlei Bezug zur Materie hat, warum sollte es Euch also schwerfallen zu glauben, dass Gott ein göttliches Prinzip in Euch gelegt hat, das nicht aufgelöst werden kann und dem Tod nicht unterworfen ist? Wagt Ihr zu behaupten, dass Ihr unmöglich eine Seele habt? Gewiss nicht! Und wenn es möglich ist, ist es dann nicht auch sehr wahrscheinlich, dass Ihr eine habt? Könntet Ihr ein System ablehnen, das so schön und für das Menschengeschlecht so notwendig ist? Ein paar Schwierigkeiten sollten Euch schon abschrecken?

KU

Gerne würde ich dieses System annehmen, aber ich will auch, dass es mir bewiesen wird. Es steht nicht in meiner Macht, etwas glauben zu können, wenn mir Belege fehlen. Ich bin immerzu erschüttert von der großen Idee, dass Gott alles erschaffen hat, dass er überall ist, dass er alles durchdringt, dass er allem Bewegung und Leben gibt, dass er in allen Teilen meines Seins anwesend ist wie in allen Teilen der Natur. Ich kann nicht nachvollziehen, warum ich eine Seele brauche. Was soll ich mit diesem subalternen Wesen anfangen, wo ich doch von Gott selbst beseelt bin? Wozu dient mir diese Seele? Wir geben uns unsere Ideen nicht selbst, fast immer bekommen wir sie uns zum Trotz, wir bekommen sie im Schlaf; alles in uns läuft ohne unsere Einmischung ab. Vergebens würde die Seele zum Blut und zu den Lebensgeistern sagen: „Husch, wenn ich bitten darf, lauft so und so, um mir eine Freude zu machen!“ Der Kreislauf bliebe doch immer so, wie Gott ihn eingerichtet hat. Ich bin lieber die Maschine eines Gottes, der für mich erwiesen ist, als die Maschine einer Seele, an der ich zweifle.

CU SU
Nun gut, wenn Gott selbst Euch beseelt, dann besudelt niemals diesen Gott in Euch durch Verbrechen, und wenn er Euch eine Seele gegeben hat, soll diese Seele ihn niemals beleidigen. In dem einen wie in dem anderen System besitzt Ihr einen Willen. Ihr seid frei. Mit anderen Worten, es steht in Eurer Macht zu tun, was Ihr wollt. Bedient Euch dieser Macht im Dienste des Gottes, der sie Euch gegeben hat. Es ist gut, dass Ihr ein Philosoph seid, aber es ist notwendig, dass Ihr gerecht seid. Das werdet Ihr noch umso mehr sein, wenn Ihr an eine unsterbliche Seele glaubt.

Antwortet mir bitte darauf: Ist es nicht wahr, dass Gott die höchste Gerechtigkeit ist?

KU
Ohne Zweifel. Könnte er (was eine Lästerung ist) jemals aufhören, es zu sein, so würde ich meinerseits der Billigkeit gemäß handeln.

CU SU
Ist es nicht wahr, dass es Eure Pflicht sein wird, tugendhafte Handlungen zu belohnen und die verbrecherischen zu bestrafen, wenn Ihr den Thron bestiegen habt? Wünscht Ihr da nicht, dass Gott das tut, was auch Ihr gehalten seid

zu tun? Ihr wisst, dass dieses Leben die unglücklichen Tugenden und die ungestraften Verbrechen kennt und sie immer kennen wird. Also ist es notwendig, dass das Gute und das Böse ihr Urteil in einem anderen Leben finden. Diese so einfache, so natürliche, so allgemeine Idee hat dazu geführt, dass sich bei so vielen Völkern der Glaube an die Unsterblichkeit der Seele und an die göttliche Gerechtigkeit gefestigt hat, die die Seelen richten wird, wenn sie ihre sterbliche Hülle abgestreift haben. Gibt es ein System, das vernünftiger, für die Gottheit schicklicher und für das Menschengeschlecht nützlicher wäre?

KU
Warum haben dann zahlreiche Völker dieses System keineswegs angenommen? Ihr wisst, dass es in unserer Provinz etwa zweihundert Familien alter Sinou• gibt, die einstmals in einem Teil Arabiens lebten.[9] Weder sie noch ihre Vorfahren haben je an die Unsterblichkeit der Seele geglaubt. Sie haben ihre fünf Bücher, wie wir unsere fünf Kings haben,[10] ich habe eine Übersetzung gelesen. Ihre Gesetze gleichen naturgemäß den Gesetzen aller anderen Völker und schreiben ihnen vor, ihre Väter zu ehren, nicht zu stehlen, nicht zu

• Das sind die Juden der zehn Stämme, die in ihrer Zerstreuung bis nach China gekommen sind; dort werden sie *Sinou* genannt.

9 Den Hinweis auf Juden in China entnahm Voltaire Du Haldes *Description de la Chine*.

10 Der Pentateuch und die fünf klassischen Bücher des Konfuzianismus.

lügen, nicht ehezubrechen und nicht zu morden. Aber in diesen Gesetzen ist von Belohnung und Bestrafung in einem anderen Leben nicht die Rede.

CU SU
Wenn sich diese Idee bei dem armen Volk noch nicht entwickelt hat, so wird sie das zweifellos eines Tages tun. Aber was kümmert uns dieses kleine Volk, wo doch die Babylonier, die Ägypter, die Inder und alle staatlich geordneten Völker dieses heilsame Dogma angewandt haben? Wenn Ihr krank seid, weist Ihr dann eine Medizin zurück, auf die ganz China schwört, nur weil sich einige barbarische Bergstämme weigern, sie einzunehmen? Gott hat Euch die Vernunft gegeben, diese sagt Euch, dass die Seele unsterblich sein muss, und also ist es Gott selbst, der es Euch sagt.

KU
Aber wie könnte ich denn belohnt oder bestraft werden, wenn ich nicht mehr ich selbst bin, wenn nichts mehr von dem übriggeblieben ist, was meine Person ausmachte? Nur durch mein Gedächtnis bin ich immer ich. Ich verliere mein Gedächtnis im Laufe meiner letzten Krankheit. Wird also nach meinem Tod ein Wunder nötig sein, um es mir wiederzugeben, um mich wieder in das Dasein einzusetzen, das ich verloren hatte?

CU SU
Mit anderen Worten: Wenn ein Fürst seine Familie ermordet hat, um auf den Thron zu gelangen, wenn er seine Untertanen tyrannisiert hat, dann soll er sich unbelangt vor Gott stellen und sagen können: „Das bin nicht ich, ich habe mein Gedächtnis verloren, Ihr täuscht Euch, ich bin nicht mehr die gleiche Person.“ Glaubt Ihr, dass Gott mit diesem Sophismus glücklich wäre?

KU
Na also gut, ich gebe nach.•/11 Ich will das Gute um meiner selbst willen tun und dabei auch dem Höchsten Wesen

---

• Na also gut! Ihr elenden Feinde der Vernunft und der Wahrheit, behauptet ihr also immer noch, dass in diesem Werk die Sterblichkeit der Seele gelehrt wird? Diese Passage war in jeder gedruckten Auflage enthalten. Woher nehmt ihr die Stirn, sie immer noch zu verunglimpfen? Ach, wenn eure Seelen in der Ewigkeit ihren Charakter behalten, dann werden sie ewiglich ziemlich dümmliche und ziemlich ungerechte Seelen sein. Nein, die Autoren dieses ganz vernünftigen und nützlichen Werkes sagen euch keineswegs, dass die Seele mit dem Körper stirbt; sie sagen euch nur, dass ihr ahnungslos seid. Errötet nicht. Alle Weisen haben ihre Unwissenheit eingestanden, keiner von ihnen war vorwitzig genug, die Natur der Seele zu kennen. So sagt etwa *Gassendi*, indem er die Meinung des Altertums zusammenfasst: *Ihr wisst, dass ihr denkt, aber ihr wisst nicht, aus welcher Art Substanz ihr als Denkende seid. Ihr gleicht einem Blinden, der die Wärme der Sonne spürt und glaubt, eine genaue Vorstellung von diesem Stern zu haben.* Lest auch den Rest dieses bewundernswerten Briefes an *Descartes*, und lest *Locke*. Lest dieses Werk aufmerksam noch einmal, und ihr werdet verstehen, dass wir unmöglich auch nur die geringste Ahnung von der Natur der Seele haben können, denn es ist dem Geschöpf unmöglich, die geheimen Triebfedern des Schöpfers zu durchschauen. Ihr werdet verstehen, dass man sich auch ohne Kenntnis der Grundlagen unseres Denkens bemühen muss, richtig zu denken und gerecht zu denken; und zudem muss man all das sein, was ihr nicht seid, nämlich bescheiden, umgänglich, wohltätig, nachsichtig. Man muss *Cu Su* und *Ku* gleichen, nicht *Thomas von Aquin* oder *Duns Scotus*, deren Seelen tiefdunkel waren, nicht *Calvin* oder *Luther*, deren Seelen verhärtet und zänkisch waren. Bemüht euch, dass

gefallen. Ich dachte, dass es genügen sollte, dass meine Seele in diesem Leben gerecht ist; ich werde hoffen, dass sie in einem anderen glücklich wird. Ich sehe ein, dass diese Meinung sowohl für die Völker als auch für die Fürsten gut ist.

Aber den Kult eines Gottes finde ich peinlich.

eure Seele ein wenig nach der unseren schlägt; dann werdet ihr euch ganz wunderbar über euch selbst lustig machen.

11

Voltaire reagiert mit seiner langen Fußnote vermutlich auf eine Kritik am *Dictionnaire philosophique* von Jean-Alphonse Rosset de Rochefort (1709–1766), Theologieprofessor in Lausanne und Rektor der dortigen Akademie.

Viertes Gespräch

CU SU
Woran nehmt Ihr in unserem Chu-King denn Anstoß, diesem ersten unserer kanonischen Bücher, das von allen chinesischen Kaisern so hoch geachtet wurde? Ihr bearbeitet ein Feld mit Euren königlichen Händen, um dem Volk ein Beispiel zu geben, und Ihr entbietet die ersten Früchte dem Chang-ti, dem Tian, dem Höchsten Wesen. Ihr opfert ihm viermal im Jahr. Ihr seid König und oberster Priester. Ihr versprecht Gott, alles Gute zu tun, das in Eurer Macht steht. Was ist daran so abstoßend?

KU
Ich finde daran gewiss nichts abstoßend. Ich weiß, dass Gott unsere Opfer und unsere Gebete nicht braucht, wir sind es vielmehr, die sie brauchen. Sein Kult besteht nicht für ihn, sondern für uns. Ich bete sehr gerne, vor allem aber will ich, dass meine Gebete nicht lächerlich sind. Würde ich laut schreien, *dass das Gebirge von Chang-ti fette Weiden besitzt, und dass es verboten ist, fette Weiden anzusehen*, würde ich die Sonne in die Flucht schlagen und den Mond ausdörren – wird dieses dumme Gefasel dem Höchsten Wesen eine Freude machen, wird es meinen Untertanen und mir nutzen?

↓ Ironische alttestamentarische Paraphrasen: Ps 68, 16 und Jos 10,12

Vor allem kann ich die Geistesschwäche all der Sekten nicht ertragen, die uns umgeben: Da gibt es etwa Laotse, den seine Mutter aus der Vereinigung des Himmels und der Erde empfangen hat und mit dem sie achtzig Jahre lang schwanger war. An seine Lehre der universalen Auflösung und Askese glaube ich ebenso wenig wie an die weißen Haare, mit denen er geboren worden sein soll, oder die schwarze Kuh, auf die er angeblich stieg, um seine Lehre zu predigen.

Der Gott Fo ist auch nicht besser, schließlich war sein Vater ein weißer Elefant, und er verspricht das ewige Leben.

Was mir am meisten missfällt, ist, dass solche Schwärmereien unablässig von den Mönchen gepredigt werden, um das Volk zu verführen und zu regieren. Sie geben sich ein respektables Ansehen mit Kasteiungen, vor denen der Natur graust. Die einen enthalten sich ihr Leben lang der gesündesten Lebensmittel, als ob man Gott nur durch eine unbekömmliche Diät glücklich machen könnte. Die anderen hängen sich ein Joch um den Hals, dessen sie sich zuweilen in der Tat sehr würdig erweisen; sie rammen sich Nägel in die Schenkel, als ob es Bretter wären. Das Volk läuft ihnen massenhaft nach. Wenn ein königlicher Erlass ihnen missfällt, dann behaupten sie eiskalt, dass dieser Erlass keine Entsprechung in den Gesetzeskommentaren des Gottes Fo finde und dass es besser sei, Gott

Apg 5,29 →

zu gehorchen als den Menschen. Wie kann man eine so außergewöhnliche und so gefährliche Volkskrankheit heilen? Ihr wisst, dass die Toleranz das Regierungsprinzip Chinas und ganz Asiens ist. Aber ist diese Nachsichtigkeit nicht recht verhängnisvoll, wenn ihretwegen ein Reich durch fanatische Meinungen auf den Kopf gestellt werden kann?

CU SU
Möge das Chang-ti verhüten, dass ich je den Geist der Toleranz in Euch auslöschen sollte, dieser so achtenswerten Tugend. Sie ist für die Seele das, was die Erlaubnis zu essen für den Körper ist. Das Gesetz der Natur gestattet einem jeden, zu glauben, was er will, wie es auch jedem erlaubt, sich zu ernähren, wie er will. Ein Arzt hat nicht das Recht, seine Patienten zu töten, weil sie die vorgeschriebene Diät nicht eingehalten haben. Ein Fürst hat nicht das Recht, diejenigen seiner Untertanen aufhängen zu lassen, die nicht so denken wie er. Aber er hat das Recht, Unruhen zu verhindern; und wenn er weise ist, wird er es leicht vollbringen, den Aberglauben auszurotten.[12] Ihr wisst, was Daon, dem sechsten König der Chaldäer, vor gut viertausend Jahren passiert ist?

KU
Nein, davon weiß ich nichts,

12 Bei aller Bedeutung der Toleranz benennt Voltaire auch andernorts im *Dictionnaire philosophique* die Grenzen der Toleranz deutlich; so heißt es etwa im Artikel *Abbé* in Bezug auf die große weltliche und militärische Macht geistlicher Würdenträger, besonders in den deutschen Fürstbistümern: „Es ist bereits gesagt worden und man muss es noch tausend Mal wiederholen: Das ist nicht zu tolerieren.“

aber Ihr werdet mir die Freude machen, es mir mitzuteilen.

CU SU

Die chaldäischen Priester waren auf die Idee gekommen, die Hechte im Euphrat anzubeten. Sie gaben vor, dass ihnen ein berühmter Hecht namens Oannes

dereinst die Theologie beigebracht habe und dass dieser Hecht unsterblich, zudem drei Fuß lang und mit einem kleinen Hörnchen am Schwanz versehen gewesen sei. Aus Achtung vor diesem Oannes war es verboten, Hechte zu essen. Es erhob sich ein großer Disput unter den Theologen um die Frage, ob der Hecht Oannes ein Männlein oder ein Weiblein sei, also ein Milchner oder ein Rogner. Die beiden Parteien exkommunizierten sich gegenseitig und erhoben deshalb oftmals die Hand. Folgendes tat nun König Daon, um der Unordnung ein Ende zu machen.

Er befahl den beiden Parteien ein dreitägiges, strenges Fasten. Daraufhin ließ er die Getreuen des weiblichen Hechtes kommen, um mit ihnen zu speisen. Er ließ einen drei Fuß langen Hecht servieren, dem man ein kleines Hörnchen auf den Schwanz gesetzt hatte. „Ist das euer Gott?", fragte er die Doktoren. „Ja, Herr", antworteten sie, „denn er hat ein Hörnchen auf dem Schwanz." Der König befahl, den Hecht zu öffnen, und da fand sich die schönste Fischmilch der Welt. „Wie ihr seht", sagte er, „ist das keineswegs euer Gott, denn es ist ein Männchen." So wurde der Hecht vom

König und seinen Satrapen verspeist, und die Rogentheologen waren äußerst zufrieden, dass man den Gott ihrer Widersacher gebraten hatte.

Gleich im Anschluss schickte man nach den Doktoren der Gegenseite. Man zeigte ihnen einen drei Fuß langen Gott mit Rogen und einem Hörnchen auf dem Schwanz; sie versicherten, dass das der Gott Oannes und überdies ein Männchen sei. Der Hecht wurde gebraten wie der andere und der Rogen kam zum Vorschein. Beide Parteien standen gleichermaßen dumm da. Sie hatten noch nichts gegessen und der gute König Daon sagte, dass er nur Hechte zum Abendessen anzubieten hätte. Sie verspeisten sie gierig, ob mit Rogen oder mit Milch. Der Bürgerkrieg war vorbei und alle priesen den guten König Daon. Seit dieser Zeit trugen die Bürger so viele Hechte auf, wie sie wollten.

KU
Ich mag König Daon sehr und ich gelobe, ihn bei der ersten Gelegenheit, die sich bietet, nachzuahmen. Ich werde immer, soweit ich es vermag und ohne jemandem Gewalt anzutun, verhindern, dass ein Fo oder ein Hecht angebetet werden.

Ich weiß, dass es in Pegu und in Tonkin Göttlein und Mönchlein gibt, die den abnehmenden Mond vom Himmel holen und klar und deutlich die Zukunft vorhersagen; die, mit anderen Worten, deutlich sehen, was nicht existiert, denn die Zukunft existiert keineswegs. Ich werde mein Möglichstes tun, um zu verhindern, dass die Mönchlein hierherkommen, die Zukunft zur Gegenwart machen und den Mond herunterholen.

Welch ein Elend, dass es Sekten gibt, die von Stadt zu Stadt ziehen und ihre Träumereien herunterleiern wie Scharlatane, die ihre Mittelchen feilbieten! Welche Schande für den menschlichen Geist, dass kleine Grüppchen sich im Alleinbesitz der Wahrheit wähnen und glauben, dass das große chinesische Reich im Irrtum versunken sei! Sollte das Ewige Wesen etwa nur der Gott der Insel Taiwan oder der Insel Borneo sein? Und den Rest des Universums drangeben? Mein lieber Cu Su, es ist der Vater aller Menschen, es erlaubt allen Hecht zu essen, und die würdigste Ehrerbietung ihm gegenüber ist es, tugendhaft zu sein. Ein reines Herz ist der schönste aller Tempel, wie der große Kaiser Yao gesagt hat.[13]

13 Yao ist ein legendenhafter Herrscher des 3. Jahrtausends vor Christus, von dem keine Aussagen überliefert sind, der allerdings als mustergültiger Gesetzgeber gilt; auch hier ist Voltaires Quelle Du Haldes *Description de la Chine*. Der Mensch (oder ein Teil von ihm) als Tempel Gottes ist wiederum ein auch christliches Motiv, vgl. 2. Kor 6,16.

Fünftes Gespräch

CU SU
Da Ihr die Tugend liebt, wie gedenkt Ihr sie in die Tat umzusetzen, wenn Ihr König sein werdet?

KU
Indem ich weder zu meinen Nachbarn noch zu meinen Untertanen ungerecht bin.

CU SU
Nichts Böses zu tun genügt nicht. Ihr werdet Gutes tun, Ihr werdet die Armen ernähren, indem Ihr ihnen nützliche Arbeit gebt, und nicht, indem Ihr die Nichtstuerei aushaltet. Ihr werdet die großen Straßen verschönern, Kanäle graben, öffentliche Bauten errichten, alle Künste fördern, jegliches Verdienst belohnen und unwillentliche Vergehen entschuldigen.

KU
Das bedeutet für mich, nicht ungerecht zu sein, das sind gerade ebenso viele Pflichten.

CU SU
Ihr denkt wie ein echter König. Aber es gibt neben dem König auch den Menschen, neben dem öffentlichen auch das private Leben. Ihr werdet Euch bald verheiraten. Wie viele Frauen gedenkt Ihr zu nehmen?

KU
Ich glaube, dass ein gutes Dutzend mir genügen wird. Eine größere Zahl könnte mir die Zeit stehlen, die für die Amtsgeschäfte bestimmt ist. Mir gefallen jene Könige nicht, die dreihundert Frauen nebst siebenhundert Konkubinen haben,[14] und dazu noch tausend Eunuchen, die sie bedienen. Überhaupt erscheint mir diese Eunuchomanie als eine zu große Beleidigung der menschlichen Natur. Höchstens gestehe ich zu, dass man Hähne kastriert, denn so lassen sie sich besser essen, aber noch hat niemand Eunuchen auf den Bratspieß stecken lassen. Wozu dient ihre Verstümmelung? Der Dalai Lama besitzt fünfzig von ihnen, die in seiner Pagode singen.[15] Ich wüsste nur zu gerne, ob das Chang-ti ein großes Vergnügen beim Klang klarer Kastratenstimmen empfindet? Außerdem finde ich es ausgesprochen lächerlich, dass es Mönche gibt, die niemals heiraten. Sie rühmen sich, klüger als alle anderen Chinesen zu sein; also dann, sollen sie kluge Kinder machen. Das ist doch eine amüsante Art, das Chang-ti zu ehren: die Zahl der Gläubigen klein halten! Das ist doch ein einzigartiger Dienst am Menschengeschlecht, durch eigenes

14 Anspielung auf König Salomon, der allerdings nach 1 Kön 11,3 andersherum siebenhundert Haupt- und dreihundert Nebenfrauen hatte.

15 Anspielung auf den Chor des Papstes; dieser verbot die Beschäftigung von Kastraten in Kirchenchören erst 1903.

Beispiel zu lehren, wie man das Menschengeschlecht auslöscht! Der gute kleine Lama namens *Stelca isant Erepi* • sagte, *dass jeder Priester so viele Kinder machen soll, wie er nur kann*. Er ging mit gutem Beispiel voran und erwies sich seinerzeit als ein sehr nützlicher Mann.[16] Ich für meinen Teil würde alle Lamas und Mönche und Lamaessen und Nonnen, die berufen sind zu dieser heiligen Arbeit, verheiraten. Dadurch würden sie ganz sicherlich bessere Bürger und ich würde dem Königreich Lu einen großen Dienst erweisen.

• *Stelca isant Erepi* bedeutet auf Chinesisch *l'Abbé Castel de Saint Pierre*.

16 Charles-Irénée Castel de Saint-Pierre (1658–1743) sprach sich zwar gegen den Zölibat aus; das Zitat, das Voltaire ihm unterschiebt, ist allerdings sonst nicht überliefert, ebenso wenig das gute Beispiel des Abbé. Verdient machte er sich allerdings durch sein *Projet pour rendre la paix perpétuelle en Europe*, das ab 1708 in verschiedenen Fassungen erschien, eine europäische Staatenunion zur Friedenssicherung vorschlug, und eine starke Wirkung etwa auf Jean-Jacques Rousseau (1712–1778) und Immanuel Kant (1724–1804) ausübte.

CU SU
Oh, was für einen guten Prinzen wir hier haben! Ihr lasst mich weinen vor Freude. Ihr werdet Euch nicht damit begnügen, Frauen und Untertanen zu besitzen, denn schließlich kann man nicht den lieben langen Tag nur Befehle geben und Kinder machen. Ihr werdet ohne Zweifel auch Freunde haben.

KU
Schon jetzt habe ich sie, und zwar gute, die mich auf meine Fehler hinweisen;

ich nehme mir die Freiheit, die ihren zu verbessern; sie trösten mich und ich tröste sie. Die Freundschaft ist der Balsam des Lebens, sie ist mehr wert als der Balsam des Chemikers Erueil oder die Duftsäckchen des großen Hanourd.[17] Ich bin erstaunt, dass die Freundschaft noch nicht zu einem religiösen Gebot erhoben wurde; ich hätte Lust, sie in unseren Ritus einzugliedern.

17 Anagrammatische Verballhornung des Chemikers Le Lièvre und des Apothekers Arnoud; Voltaire nennt die beiden oft, mal anerkennend, mal abwertend, aber immer gemeinsam.

CU SU
Hütet Euch! Die Freundschaft ist von sich aus heilig genug, man darf sie nicht befehlen, das Herz muss frei sein. Darüber hinaus, wenn Ihr aus der Freundschaft ein Gebot, ein Mysterium, einen Ritus, eine Zeremonie macht, dann werden tausend Mönche nicht auf sich warten lassen, die Predigten über sie halten und Bücher über ihre diesbezüglichen Spinnereien schreiben, und so die Freundschaft lächerlich machen. Dieser Entweihung darf man sie nicht aussetzen.

Aber wie werdet Ihr mit Euren Feinden umgehen? Konfuzius empfiehlt an zwanzig Stellen, sie zu lieben. Erscheint Euch das nicht etwas schwierig?

KU
Seine Feinde lieben! Beim Himmel, das ist doch eine ganz gewöhnliche Sache.

CU SU
Was meint Ihr damit?

KU
Was man, glaube ich, darunter verstehen muss. Ich habe das Kriegshandwerk unter dem Fürsten von Décon erlernt, auf einem Feldzug gegen den Fürsten von Vis-Brunk. Wenn einer • unserer Feinde verwundet wurde und in unsere Hände fiel, versorgten wir ihn, als wäre er unser Bruder, oftmals überließen wir unser eigenes Bett einem verwundeten und gefangenen Feind und schliefen neben ihm auf über die Erde gebreiteten Tigerfellen; wir haben sie eigenhändig bedient.[18] Wollt Ihr noch mehr? Dass wir sie lieben, wie wir unsere Geliebte lieben?

• Das ist doch bemerkenswert: Wenn man die Namen *Décon* und *Vis-Brunk*, zwei chinesische Namen, verdreht, dann erhält man *Condé* und *Brunswik*. So weithin berühmt sind die großen Männer auf der ganzen Erde!

18 Voltaire versetzt den jungen Prinzen Ku durch eine Operation, die so abenteuerlich erscheint wie die Überlegung zum Ruhm der großen Männer in seiner erläuternden Fußnote, in eine Episode des Siebenjährigen Krieges, der gerade erst zu Ende gegangen ist: Der französische General Louis V. Joseph de Bourbon-Condé (1736–1818) besiegte im Sommer 1762 den preußischen General Ferdinand von Braunschweig-Wolfenbüttel (1721–1792). Letzterer wurde verletzt und von seinen Gegnern versorgt.

CU SU
Was Ihr mir sagt, erfreut mich überaus, und ich wünschte, dass alle Völker Euch hören. Denn man versichert mir, dass es auch recht unverschämte Völker gibt, die zu behaupten wagen, dass wir die wahre Tugend nicht kennen, dass unsere guten Taten nichts als

vorzügliche Sünden sind,[19] dass wir den Unterricht ihrer Pfaffen zur Ausbildung anständiger Grundsätze nötig haben.

19 Eine Meinung des Augustinus von Hippo (354–430), die Voltaire immer wieder angreift.

Wehe, die Unglücklichen! Da können sie erst seit gestern lesen und schreiben, und wollen schon ihre Lehrer unterrichten!

Sechstes Gespräch

CU SU
Ich will Euch nicht die ganzen Gemeinplätze über alle Tugenden wiederholen, die bei uns seit fünf- oder sechstausend Jahren heruntergeleiert werden. Manche Tugenden besitzt man für sich selbst, wie die Klugheit, die unsere Seelen führt, oder die Mäßigung, die unsere Körper leitet; das sind Gebote, die sich auf die Politik und die Gesundheit beziehen. Die wahrhaften Tugenden aber sind diejenigen, die der Gesellschaft nützen, wie die Treue, die Großherzigkeit, die Wohltätigkeit, die Toleranz usw. Dem Himmel sei Dank, dass bei uns jeder Greis diese Tugenden an seine Enkelkinder weitergibt. Das ist die Grundausstattung unserer Jugend auf dem Dorf wie in der Stadt. Aber es gibt eine große Tugend, die immer mehr außer Gebrauch gerät, und das erbost mich.

KU
Welche ist es? Nennt sie schnell, und ich werde mich bemühen, sie wiederherzustellen.

CU SU
Es ist die Gastfreundschaft. Diese so gesellige Tugend, dieses heilige Band zwischen den Menschen hat begonnen sich zu lösen, seit es Wirtshäuser gibt. Diese schädliche Einrichtung wurde, so sagt man, von den Wilden aus dem Westen zu uns gebracht. Diese Elenden besitzen offenbar keine eigenen Häuser, um Reisende aufzunehmen. Was für eine Freude

ist es, in der großen Stadt Lu, am schönen Honchan-Platz, in meinem Haus Ki einen großzügigen Fremden aus Samarkand zu empfangen! Von nun an bin ich ein heiliger Mann für ihn, und er ist von allen göttlichen und menschlichen Gesetzen angehalten, mich seinerseits aufzunehmen, wenn ich in der Tatarei unterwegs bin, und mein enger Freund zu sein.

Die Wilden, von denen ich gesprochen habe, nehmen Fremde nur gegen Geld auf, in ekelhaften Hütten, und diesen niederträchtigen Empfang lassen sie sich teuer bezahlen! Indessen, so habe ich gehört, glauben diese armen Leute, uns überlegen zu sein, sie rühmen sich, eine reinere Moral zu besitzen. Sie behaupten, dass ihre Prediger besser predigen als Konfuzius, und dass es an ihnen ist, uns über die Gerechtigkeit aufzuklären, weil sie schlechten Wein an Fernstraßen verkaufen, weil ihre Frauen wie Verrückte durch die Gegend laufen und tanzen, während die unseren Seidenraupen züchten.

KU

Mir gefällt die Gastfreundschaft sehr, ich übe sie mit Vergnügen, aber ich fürchte ihren Missbrauch. So gibt es etwa in der Gegend von Tibet Leute, die sehr schlecht wohnen und es lieben zu reisen, sie schweifen ohne Ziel von einem Ende der Welt zum anderen. Kommt man aber selbst nach Tibet, um bei ihnen Gastrecht zu genießen, findet man kein Bett und keinen Topf auf dem Herd. Das kann einem die Höflichkeit verleiden.

CU SU
Das ist eine kleine Unannehmlichkeit, und es ist leicht sie zu beheben, indem man nur Leute mit gutem Leumund aufnimmt. Es gibt keine Tugend, die nicht auch ihre Gefahren hätte, und eben weil das so ist, ist es schön, sie in die Arme zu schließen.

Wie weise und heilig unser Konfuzius ist! Alle Tugenden begeistern ihn. Das Glück der Menschen ist an jeden seiner Sätze geheftet. Hier ist einer von ihnen, der mir ins Gedächtnis kommt, der dreiundfünfzigste: *Vergelte Wohltaten mit Wohltaten, räche niemals eine Beleidigung.*[20]

Welche Maxime, welches Gesetz der Völker des Westens könnte sich gegenüber einer so reinen Moral behaupten? Wie oft rät Konfuzius nicht zur Demut? Wenn man diese Tugend pflegen würde, gäbe es auf Erden keine Streitereien mehr.

20 Voltaire formuliert wieder recht frei nach du Haldes Wiedergabe des *Lun yu, ou Livre des sentences*; woher die Dreiundfünfzig kommt, ist nicht nachvollziehbar.

KU
Ich habe alles gelesen, was Konfuzius und die Weisen vergangener Jahrhunderte über die Demut geschrieben haben. Aber mir scheint, dass sie nirgends eine einigermaßen genaue Definition der Demut gegeben haben. Vielleicht beweist es einen Mangel an Demut, sie berichtigen zu wollen, aber zumindest bin ich demütig genug

zu gestehen, dass ich sie nicht verstanden habe. Sagt mir, was Ihr davon denkt.

CU SU
Ich gehorche demütigst. Ich glaube, dass Demut die Bescheidenheit der Seele ist; denn die äußere Bescheidenheit ist nur Anstand. Die Demut kann nicht darin bestehen, vor sich selbst die Überlegenheit zu verleugnen, die man gegenüber einem anderen erworben hat. Ein guter Arzt kann es nicht vor sich selbst verleugnen, dass er mehr zur Sache weiß als sein delirierender Patient. Ein Astronomielehrer muss sich eingestehen, dass er weiser ist als seine Schüler; er kann nicht anders, als es zu glauben, aber er darf sich auch nicht zum Narren halten lassen. Demut ist nicht Erniedrigung. Sie ist die Berichtigung unserer Eigenliebe, wie die Bescheidenheit die Berichtigung des Hochmuts ist.

KU
So will ich also in der Ausübung aller dieser Tugenden und im Kult eines einfachen und universalen Gottes leben, fern der Hirngespinste der Sophisten und der Wahnvorstellungen der falschen Propheten. Die Liebe zu meinem Nächsten sei meine Tugend auf dem Thron und die Liebe zu Gott meine Religion. Ich werde den Gott Fo und Laotse und Vishnu, der bei den Indern so oft wiedergeboren wurde, und Sammonocodom,[21] der vom Himmel kam, um bei den Siamesen mit einem

Drachen zu spielen, und die Kami,[22] die vom Mond nach Japan reisen, alle diese werde ich verachten.

21 Nach der *Encyclopédie* der siamesische Name Buddhas.

22 Gottheiten des Schintoismus.

Wehe dem Volk, das dumm und barbarisch genug ist zu denken, dass es einen Gott nur für ihren Landstrich gibt. Das ist Blasphemie. Wie? Die Strahlen der Sonne erleuchten alle Augen und das Licht Gottes sollte nur ein mickrig kleines Land im hintersten Winkel des Globus erleuchten? Welche Ungeheuerlichkeit! Und welche Dummheit!
Die Gottheit spricht zum Herzen aller Menschen, und die Bande der Mildtätigkeit sollen sie alle verbinden, von einem Ende des Universums bis zum anderen.

CU SU
Oh weiser Ku! Ihr habt gesprochen wie ein Mensch, den das Chang-ti selbst begeistert. Ich werdet ein würdiger Prinz sein. Ich bin Euer Lehrer gewesen und nun seid Ihr meiner geworden.

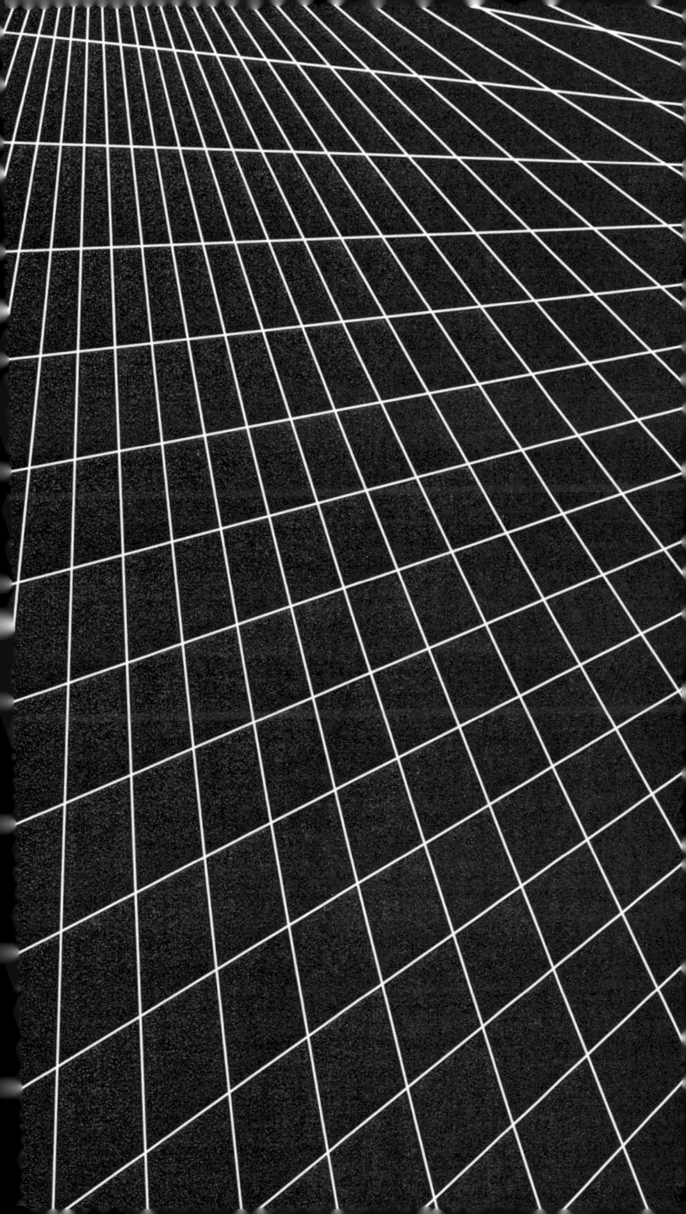

Japanischer Katechismus[1]

1

Im Maskenspiel dieses Dialogs entspricht der Japaner einem Engländer, der Inder einem Franzosen, die Kulinarhistorie Japans ist ein Sinnbild für die Entstehung der anglikanischen Kirche. Bereits 1756 verglich Voltaire in seinem *Essai sur les moeurs* Japaner und Engländer bezüglich ihrer *fierté insulaire*, ihres Inselstolzes. Die zahlreichen Wortverdrehungen für Religionen und Ämter sind leicht zu entschlüsseln; durch die erläuternden und eigentlich nutzlosen Fußnoten, die in Ausgaben ab 1767 erscheinen, wird der Spott noch beißender.

DER INDER
Ist es wahr, dass einst die Japaner nicht kochen konnten, dass sie ihr Königreich dem Großen Lama unterworfen hatten, dass dieser Große Lama unangefochten über ihre Essgewohnheiten entschied und dass er von Zeit zu Zeit einen kleinen Lama zu euch schickte, der Tributzahlungen einsammelte und im Gegenzug ein Schutzzeichen mit Zeigefinger, Mittelfinger und Daumen verteilte?

DER JAPANER
Ach! Es ist nur zu wahr. Stellen Sie sich vor, dass alle Kannushi,• die die Meisterköche unserer Insel sind, vom Großen Lama eingesetzt wurden; und sie wurden nicht um der Liebe Gottes willen eingesetzt. Darüber hinaus musste jeder weltliche Haushalt jährlich eine Unze Silber an diesen tibetanischen Meisterkoch bezahlen. Er gestand uns als Abfindung nur kleine Portionen von einigermaßen übelschmeckenden Gerichten zu, die man *Überbleibsel*[2] nennt. Wenn ihn die plötzliche Laune anwandelte, einen Krieg gegen die Völker in der Tatarei anzufangen, erhob er bei uns neue Steuern. Unser Land beklagte sich häufig, aber

• Die Kannushi sind die altertümlichen Priester Japans.

2 Voltaires Wortspiel (original *des restes*) zielt auf die *reliquiae*, die Reliquien des katholischen Ritus. In der permanenten Metapher dieses Dialogs findet sich das Fleisch der Heiligen also in den Kochtöpfen des Papstes und seiner Gläubigen wieder: Stärker ins Diesseits kann man die Religion wohl nicht holen.

ohne Erfolg. Nach jeder Beschwerde konnten wir sogar noch etwas mehr zahlen. Schlussendlich hat uns die Liebe, die alles zum Guten wendet, aus dieser Knechtschaft erlöst. Einer unserer Kaiser überwarf sich wegen einer Frau mit dem Großen Lama.[3] Aber man muss zugestehen, dass den größten Dienst in dieser Angelegenheit unsere Kannushi oder Schiböfe• leisteten. Ihnen verdanken wir es, dass wir das Joch abgeworfen haben, und das ging so. Der Große Lama hatte eine lustige Schrulle: Er glaubte, immer Recht zu haben. Unser Kaiser und unsere Kannushi wollten aber wenigstens manchmal auch Recht haben. Der Große Lama betrachtete diese Forderung als absurd. Unsere Kannushi gaben nicht nach, und so brachen sie für immer mit ihm.

3 Ausgangspunkt der anglikanischen Abspaltung 1531 war das Eherecht: König Heinrich VIII. Tudor (1491–1547) wollte sich scheiden lassen, was ihm Papst Clemens VII. de' Medici (1478–1534) verwehrte.

• *Schiböfe,* Anagramm für *Bischöfe.*

DER INDER
Nun gut, und seit dieser Zeit habt ihr zweifellos glücklich und in Frieden gelebt?

DER JAPANER
Ganz und gar nicht, wir haben uns zweihundert Jahre lang gegenseitig verfolgt, zerfetzt, verschlungen. Unsere

Kannushi wollten vergebens Recht haben, da sie erst seit hundert Jahren zur Vernunft gekommen sind. Seit dieser Zeit auch können wir uns keck als eines der glücklichsten Länder der Erde ansehen.

DER INDER
Wie könnt ihr solch ein Glück genießen, wenn es stimmt, dass es ein Dutzend verschiedener Kochschulen und -stile in eurem Reich gibt? Vermutlich gibt es jährlich zwölf Bürgerkriege.

DER JAPANER
Wieso? Wenn es zwölf Wirte gibt, die ein je eigenes Rezept benutzen, sollte man sich da mit Messern an die Kehle gehen, statt sich zum Abendessen zu setzen? Ganz im Gegenteil, jeder wird essen, was ihm schmeckt, bei dem Koch, der ihm besonders zusagt.

DER INDER
Es ist wahr, dass über Geschmäcker nicht zu streiten ist, aber man streitet sich eben doch über sie und der Zwist heizt sich auf.

DER JAPANER
Nachdem man lange gestritten hat, nachdem man gesehen hat, dass diese Streitereien keine andere Lehre beinhalten als die Anleitung sich gegenseitig zu schaden, kommt man schließlich zu dem Entschluss, sich gegenseitig zu

tolerieren, und das ist unwidersprochen das Beste, was man tun kann.

DER INDER
Und wer sind also diese Wirte, die euer Land in der Kunst des Essens und Trinkens unter sich aufgeteilt haben?

DER JAPANER
Da sind zunächst die Denju•, bei denen man Ihnen niemals Blutwurst oder Speck vorsetzen wird. Sie sind Anhänger der altehrwürdigen Küche. Sie würden lieber sterben, als ein Hühnchen zu spicken. Darüber hinaus sind sie begabte Mathematiker; gäbe es etwa eine Unze Silber zwischen ihnen und den anderen elf Köchen zu verteilen, so behielten sie die Hälfte für sich und ließen den Rest für die, die am besten zu zählen vermögen.

• Man versteht recht leicht, dass die *Denju* die *Juden* sind, *et sic de caeteris*.

DER INDER
Ich glaube, dass Sie kaum mit diesen Leuten speisen.

DER JAPANER
Nein. Sodann sind da die Lathokiken, die an bestimmten Tagen der Woche, sogar während einer beträchtlichen, alljährlichen Zeitspanne hundertmal lieber für hundert Ecu Steinbutt, Forellen, Seezungen, Lachse und Störe essen als ein

Kalbsfrikassee, das keine vier Sous kostet.

Wir anderen Kannushi essen ausgesprochen gerne Rindfleisch und ein bestimmtes Gebäck, das man auf Japanisch *pudding* nennt. Im Übrigen stimmt die ganze Welt darin überein, dass unsere Köche unendlich viel geschickter sind als die der Lathokiken. Niemand hat sich umfassender mit der Fischsoße der Römer beschäftigt, niemand ist besser bekannt mit den Zwiebeln der alten Ägypter, den Heuschreckenvariationen der Uraraber, dem Pferdefleisch der Tataren. In den Büchern der Kannushi, die man für gewöhnlich Schiböfe nennt, gibt es immer noch etwas zu entdecken.

Ich möchte Ihnen nun nicht weiter von denen erzählen, die nur à la Terluh kochen, noch von denen, die sich an die Diät des Vincal halten, noch von den Täuderwiefern. Aber die Quekär verdienen besondere Aufmerksamkeit. Es sind die einzigen Tischgesellen, die ich noch nie betrunken oder fluchend gesehen habe. Es ist ziemlich schwierig, sie zu betrügen, sie aber werden Sie niemals betrügen. Es scheint, als wäre das Gesetz, den Nächsten zu lieben wie sich selbst, nur für diese Leute gemacht worden. In der Tat, wie sollte denn ein guter Japaner behaupten können, seinen Nächsten wie sich selbst zu lieben, wenn er diesem unter den Fahnen einer Prozession und nur wegen ein bisschen Geld eine Bleikugel durchs Hirn jagt oder ihn mit einem tüchtig langen Dolch absticht? Da könnte er ja selbst abgestochen und niedergeschossen werden. Entsprechend sollte man wahrheitsgemäß sagen, dass er seinen Nächsten wie sich selbst hasst. Die Quekär sind diesem Wahnsinn nie verfallen. Nach ihrer Meinung sind die armen Menschen nur irdene Gefäße von kurzer Dauer und müssen sich nicht unbedingt vor Herzensübermut gegeneinander hauen.

Ich gestehe Ihnen, wenn ich kein Kannushi wäre, hätte ich nichts dagegen, Quekär zu sein. Sie werden mir zugeben, dass man sich mit derart friedliebenden Köchen nicht streiten kann. Aber es gibt noch andere, sehr zahlreich sogar, die man Diesten nennt. Sie geben jedermann unterschiedslos zu essen, es steht Ihnen frei dort zu essen, was Sie nur mögen, ob mit Speck und bardiert oder ohne Speck unbardiert, mit Eiern oder mit Öl. Rebhuhn, Lachs, Weißherbst, Rotwein, das ist ihnen alles gleich, solange ihr nur vor oder nach dem Abendessen oder einfach vor dem Mittagessen irgendein Gebet zu Gott schickt, solange ihr anständige, weltläufige Leute seid. Sie werden mit euch auf Kosten des Großen Lamas lachen, was diesem ja nicht wehtut, und über Terluh, Vincal, Memnon und die anderen auch. Es ist nur gut, dass unsere Diesten zugeben, dass unsere Kannushi gute Köche sind, und dass sie nie davon sprechen, ihre Bezüge zu kürzen. Entsprechend leben wir recht einträchtig zusammen.

DER INDER
Aber schlussendlich muss es doch eine herrschende Küche geben, die Küche des Königs.

DER JAPANER
Das gebe ich zu. Aber wenn der König von Japan gut gegessen hat, dann sollte er gute Laune haben und nicht seine anständigen Untertanen beim Verdauen stören.

DER INDER
Wenn nun aber ein paar Dickköpfe unmittelbar vor der Nase des Königs[4] bestimmte Würste essen wollen, die der König nicht ausstehen kann, wenn sie vier- oder fünftausend Grillmeister auflaufen lassen, um ihre Würste zu braten, wenn sie alle beleidigen, denen die Würste nicht schmecken?

4 Nach Annibale Caros (1507–1566) *Nasiade* soll „eine königliche Nase groß sein, wohlgebildet, glatt, adlerhaft, weiß, tönend". Denn, darin besteht Caros entscheidende Folgerung, „je größer ein König ist, umso größer, großartiger und allmächtiger ist auch seine Nase".

DER JAPANER
Dann gilt es sie zu bestrafen wie Trunkenbolde, die die Ruhe der Bürger stören. Wir haben für diese Gefahr vorgesorgt. Nur diejenigen, die sich auf königliche Art ernähren, haben Zugang zu Staatswürden. Alle anderen

können tafeln wie sie lustig sind, aber sie sind von Ämtern ausgeschlossen. Zusammenrottungen werden souverän unterbunden und auf der Stelle unerbittlich bestraft. Alle Streitereien bei Tisch werden sorgfältig gedämpft, und zwar nach dem Rezept unseres großen japanischen Koches, der in der heiligen Sprache schrieb: *Suti raho, cus flac, natis in usum laetitiae sciphis pugnare Tracum est.* Das bedeutet so viel wie: Andächtig ehrbare Freude soll bei Tische herrschen, man soll nicht die Gläser an den Kopf sich werfen.[5]

Mit diesen Grundsätzen leben wir hier glücklich zusammen. Unsere Freiheit ist unter unseren Taicosema[6] gesichert. Unser Reichtum wächst. Wir haben zweihundert Liniendschunken und sind der Schrecken unserer Nachbarn.

5 Wie die ersten vier Worte der Maxime anagrammatisch nahelegen, handelt es sich um den großen japanischen Dichter Horatius Flaccus (65–8 vor Christus); das anschließende lateinische Zitat eröffnet dessen *Ode* I.27 und bedeutet so viel wie: *Mit den Bechern, die zur Fröhlichkeit gemacht sind, zu kämpfen, ist thrakisch* (sc. barbarisch).

6 Taicosema nennt Voltaire die japanischen Hohepriester.

DER INDER

Warum also schrieb der tüchtige Reimer Recina•, der Sohn jenes indischen Dichters Recina, der so zart, so genau, so harmonisch und so beredt war, in seinem gereimten

• *Racine*, vermutlich, *Louis Racine*, der Sohn des bewundernswerten *Racine*.

Lehrgedicht *Die Gnade* (und nicht *DIE GRAZIEN*)

Ist Japan, wo das Licht
einst so hell strahlte,
Nur mehr ein armer Haufen
irren Wahns?[7]

DER JAPANER Dieser Recina, von dem Sie sprechen, hat seinerseits Wahnvorstellungen. Weiß dieser arme Inder nicht, dass wir ihm erst beigebracht haben, was Licht ist? Dass es uns geschuldet ist, wenn man heute in Indien die tatsächlichen Planetenbahnen kennt? Dass wir allein die Menschen die grundlegenden Gesetze der Natur und die Berechnung des Unendlichen gelehrt haben?[8] Oder, um von gewöhnlicheren und gebräuchlicheren Dingen zu sprechen, dass seine Landsleute nur von uns gelernt haben, wie man Dschunken nach mathematischen Proportionen baut? Dass sie bis auf die Füße in unserer Schuld stehen, bis auf die maschinengewobenen Strümpfe, mit denen sie ihre Beine bedecken? Sollte es möglich sein, dass wir, die wir so viele bewundernswerte und nützliche Dinge

7 Voltaire adaptiert hier Verse aus Louis Racines (1692–1763) *Poème sur la Grâce* über die eigentlich gemeinte Insel: „England, wo das Licht einst so hell strahlte, / Nimmt heute alle Religionen auf / Und ist nur mehr ein armer Haufen irren Wahns.

8 Voltaire rühmt mit diesem Abschnitt in erster Linie Isaac Newton (1643–1727), dessen Werke er in Frankreich popularisierte, besonders mit seinem Buch *Éléments de la philosophie de Newton* (1738). Von der Obrigkeit abgelehnt, wurde es in Holland gedruckt und eifrig gelesen. Der junge Voltaire hielt sich in London auf, als Newton starb, und wohnte seinem Begräbnis bei.

erfunden haben, verrückt sind?
Während ein Mann, der die Hirngespinste eines anderen in Verse kleidet, der einzige Weise ist? Er soll uns in Ruhe kochen lassen und in Zukunft, wenn es ihm beliebt, Verse über poetischere Gegenstände schreiben.•/9

DER INDER
Was wollen Sie?
Er hat die Vorurteile seines Landes, die seiner Partei und seine eigenen.

DER JAPANER
Das nenne ich zu viele Vorurteile!

•

Nota bene. Dieser Inder Recina glaubte, im Vertrauen auf die Schwärmer seines Landes, dass es unmöglich sei, leckere Saucen zu kochen, solange nicht Brahma selbst nach ureigenstem Willensentschluss seinen Auserwählten das Saucenkochen beigebracht hat; dass es eine unendliche Zahl von Köchen gibt, die unmöglich ein Ragout zustande bringen können, so sehr sie auch entschlossen sind, es zu vollbringen; und dass ihnen Brahma die Möglichkeit und Mittel dazu aus schierer Boshaftigkeit vorenthält. Dergleichen Schäbigkeiten glaubt man in Japan nicht, man hält sich dort vielmehr an die unbestreitbare Wahrheit des folgenden japanischen Ausspruches: *God never acts by partial will, but by general laws.*

9

Der „japanische Ausspruch", den Voltaire etwas frei zitiert, stammt aus Alexander Popes (1688–1744) *An essay on man.*

Katechismus des weltläufigen Mannes

oder

Dialog zwischen einem Calogero[1] und einem rechtschaffenen Menschen

Aus dem volkstümlichen Griechisch übersetzt von H. J. J. R. V. B. V. G.[2]

1 Ein griechischer Mönch, der der Regel des heiligen Basilius folgt.

2 Die Abkürzung, im Original *D. J. J. R. C. D. C. D. G.*, steht für *Herrn Jean-Jacques Rousseau, vormals Bürger von Genf*. In den Ausgaben ab 1765 ändert Voltaire die Angabe des „Übersetzers“ in *D. L. F. R. C. D. C. D. G.*; welcher Genfer sich allerdings hinter *L. F. R.* verbergen soll, ist nicht bekannt.

DER CALOGERO
Darf ich Sie fragen, mein Herr, welcher Religion Sie hier in Aleppo anhängen, inmitten dieser Masse verschiedener Sekten, die alle zur Blüte dieser großen Stadt beitragen? Sind Sie Muslim nach dem Ritus Omars oder Alis, folgen Sie den Lehren der alten Parsen oder der Sabäer, die noch älter sind als die Parsen, oder der Brahmanen, die sich eines noch höheren Alters rühmen, oder sind Sie Jude? Oder gar Christ nach griechischem oder armenischem oder koptischem oder lateinischem Ritus?

DER WELTLÄUFIGE MANN
Ich bete Gott an. Ich bemühe mich, gerecht zu sein, und versuche, mir Bildung anzueignen.

DER CALOGERO
Aber ziehen Sie nicht die Bücher der Juden dem Avesta, den Veden oder dem Koran vor?

DER WELTLÄUFIGE MANN
Ich fürchte, dass ich nicht genug Verstand besitze, um ordentlich über Bücher zu urteilen. Aber ich fühle, dass ich genug von ihm habe, um im großen Buch der Natur zu sehen, dass man ihren Meister anbeten und lieben muss.

DER CALOGERO
Gibt es etwas, das Sie an den Büchern der Juden stört?

DER WELTLÄUFIGE MANN
Ja. Ich muss zugeben, dass ich Schwierigkeiten habe zu begreifen, was sie vermitteln. Ich erblicke dort einige Unstimmigkeiten, über die meine schwache Vernunft nur staunen kann.

1. Es erscheint mir schwierig, in einer Wüste den Pentateuch zu verfassen, wie man es Moses zuschreibt. Wenn sein Volk aus Ägypten kam, wo es für vierhundert Jahre gelebt haben soll (auch wenn sich der Autor um zweihundert vertut), dann wurde das betreffende Buch recht wahrscheinlich auf Ägyptisch geschrieben; aber es heißt, es sei Hebräisch gewesen. Es hätte in Stein oder Holz eingraviert werden müssen, zur Zeit des Moses gab es keine anderen Schriftträger. Schreiben war ein aufwändiges Handwerk und verlangte umfängliche Vorbereitungen. Holz oder Stein galt es zu polieren. Es hat nicht den Anschein, dass dieses Handwerk in einer Wüste ausgeübt werden konnte, in der die jüdischen Stämme, nach dem Zeugnis jenes Buches selbst, nichts hatten, um sich auch nur mit Kleidern und Schuhen zu versorgen, sodass Gott sich gezwungen sah, ein vierzigjähriges Dauerwunder zu wirken, um schadlos zu erhalten, was sie anhatten. Es ist gewiss, dass man seinerzeit nur auf Stein schrieb, und so sagt es auch der Autor des Buches Josua, dass das Deuteronomium auf einen mit

Mörtel verputzten Altar aus groben
Jos 8,30 → Steinen geschrieben wurde. Offenbar hatte Josua nicht die Absicht, dem Buch Dauer zu verleihen.

2. Die Gelehrten, die sich am besten im Altertum auskennen, gehen davon aus, dass diese Bücher mehr als siebenhundert Jahre nach Moses geschrieben wurden. Das gründet sich auf die Ausführungen über die Könige, und Könige gab es erst lange nach Moses; auf die Ortsangaben der Städte, die falsch wären, wäre das Buch in der Wüste geschrieben worden, und richtig, wäre es in Jerusalem geschrieben worden; und auf die Namen der Städte und Käffer, von denen die Rede ist, die erst mehrere Jahrhunderte später gegründet oder entsprechend bezeichnet worden sind, und so weiter.

3. An den Schriften, die man Moses andichtet, kann abschreckend wirken, dass die Unsterblichkeit der Seele und die jenseitigen Belohnungen und Strafen im Wortlaut seiner Gesetze nicht vorkommen. Es ist seltsam, dass er genaue Vorschriften gibt, wie man seinen Darm
Dtn 23,13 → zu entleeren hat, aber nirgendwo über die Unsterblichkeit der Seele spricht. Sollte es möglich sein, dass der von Gott begeisterte Moses unsere Hintern unserem Geist vorgezogen hat? Schließlich schreibt er die Art und Weise vor, wie man sich im Lager der Israeliten

umziehen soll, aber sagt kein Wort über das ewige Leben. Zarathustra, der älter ist als der jüdische Gesetzgeber, sagt *Ehrt und liebt eure Eltern, wenn ihr das ewige Leben wollt*, und die Zehn Gebote sagen *Ehre Vater und Mutter, wenn du lange auf der Erde leben willst*. Es scheint, dass Zarathustra als Mann Gottes spricht und Moses als Erdenbürger.

4. Die Ereignisse, die im Pentateuch erzählt werden, verblüffen die Leser, die zu ihrem Unglück nur mit ihrer Vernunft urteilen und denen keine außergewöhnliche Gnade diese blinde Vernunft erleuchtet hat. Das erste Kapitel der Genesis übersteigt unsere Auffassungen dermaßen, dass es bei den Juden verboten war, es vor dem fünfundzwanzigsten Lebensjahr zu lesen.[3]

Leicht überrascht liest man da, dass Gott jeden Tag im
Garten Eden spazieren geht; dass die ← Gen 3,8
Quellen der vier Flüsse, wunderlicherweise getrennt voneinander, in ← Gen 2,10
diesem Garten einen Brunnen formen;
dass sich die Schlange, immerhin ← Gen 3,1
das klügste aller Tiere, mit Eva unterhält, während einige Jahrhunderte
später auch eine Eselin spricht, die ← Num 22,28
etwas weniger klug wirkt; dass Gott Licht
und Dunkel getrennt hat, als ob die ← Gen 1,4
Dunkelheit ein realer Gegenstand wäre; dass er das Licht, das aus der Sonne

3 Ein Irrtum den Voltaire aus einer seiner wichtigen Quellen, dem Bibelkommentar von Augustin Calmet (1672–1757), übernimmt.

Gen 1,3 und 1,16 strömt, vor der Sonne selbst gemacht hat;
dass er Mann und Frau erschafft,
sodann aber die Frau noch einmal aus
der Rippe des Mannes zieht und Fleisch
Gen 1,27 und Gen 2,21 anstelle dieser Rippe einsetzt; dass
er nur wegen eines Apfels Adam zum
Tod und all seine Nachkommen zur
Gen 3,17 Hölle verurteilt; dass er Kain, der seinen
Bruder ermordet, ein Schutzzeichen
gegeben hat, weil Kain Angst hatte, von
den Menschen, die inzwischen die
Erde bevölkerten, getötet zu werden,
während sich doch nach dem Text das
ganze Menschengeschlecht auf die
Gen 4,15 Familie Adams beschränkte; dass die
vorgeblichen Sturzbäche des Himmels
die Erde überflutet haben sollen und
dass alle Tiere gekommen seien, um sich
Gen 7,6 in einen Kasten einsperren zu lassen.
Nach dieser wunderlichen Masse an
Märchen, die alle noch absurder wirken
als die *Metamorphosen* des Ovid, ist
die Überraschung jedoch nicht geringer,
dass Gott sein Volk aus der Sklaverei
in Ägypten befreit, sechshunderttausend
Krieger, ohne noch die Greisen, die
Kinder und die Frauen zu zählen, und
dass diese sechshunderttausend
Krieger, wenn auch nach ebenbürtig auf-
sehenerregenden Wundern von Seiten
der ägyptischen Magier, die Flucht
ergreifen, statt gegen ihre Feinde zu
Ex 12,34 kämpfen; dass sie auf ihrer Flucht nicht
den Landweg nehmen, auf dem Gott
sie führt, dass sie sich zwischen Memphis
und dem Roten Meer wiederfinden und

Gott dieses Meer öffnet, damit sie trockenen Fußes hindurchkommen, nur Ex 14,21 um sie dann in schrecklichen Wüsten verschmachten zu lassen, anstatt sie in das ihnen versprochene Land zu führen; dass dieses Volk unter der Hand und unter den Augen Gottes selbst den Bruder des Moses mit einem goldenen Kalb beauftragt, um es anzubeten, dass dieses Kalb an nur einem Tag gegossen wird, dass Moses dieses Gold zu feinstem Staub zerreibt und es das Volk schlucken lässt; Ex 32,1 dass sich zweiunddreißigtausend Männer dieses Volkes von den Leviten abschlachten lassen als Strafe für die Errichtung des Goldenen Kalbes, während Aaron, der es gegossen hatte, als Belohnung zum Hohepriester ernannt wird; Ex 32,28 und Ex 40,13 dass man zweihundertfünfzig Männer auf der einen und vierzehntausendsiebenhundert Männer auf der anderen Seite verbrennt, die Aaron das Weihrauchfass streitig gemacht haben; Num 16,35 und dass bei einer anderen Gelegenheit Moses nochmals vierundzwanzigtausend seiner eigenen Leute töten lässt. Num 25,1

5. Wenn man sich an die einfachsten Erkenntnisse aus der Physik hält und sich nicht zu den Höhen göttlicher Macht aufschwingt, dann fällt der Gedanke schwer, dass es ein Wasser gibt, das ehebrecherische Frauen zum Platzen bringt, während treuen Frauen nichts passiert. Num 5,19

Mit noch größerem Erstaunen sieht man in der Figur des Bileam (Num 22,5) einen echten Propheten unter den Götzendienern.

6. Immer noch größer wird die Überraschung, dass das jüdische Volk in einem Dorf in dem kleinen Land Midian sechshundertfünfundsiebzigtausend Schafe, zweiundsiebzigtausend Ochsen, einundsechzigtausend Esel, zweiunddreißigtausend Jungfrauen vorfindet; und man fröstelt vor Schrecken, wenn man liest, dass die Juden auf den Befehl des Herrn hin alle Männer und Witwen, Ehefrauen und Mütter massakrieren und nur die kleinen Mädchen für sich behalten. (Num 31,32)

7. Die Sonne, die am hohen Mittag stehen bleibt, um den Juden mehr Zeit beim Mord an den Gabaoniten zu verschaffen, nachdem diese bereits ein Steinregen vom Himmel getroffen hatte (Jos 10,11), der Jordan, der sich öffnet wie bereits das Rote Meer (Jos 3,14), um die Juden passieren zu lassen, die Mauern von Jericho, die zum Klang der Trompeten zusammenstürzen (Jos 6,20), all diese verschiedenen Sorten von Wundern verlangen das Opfer der Vernunft und die stärkste Frömmigkeit, um geglaubt werden zu können. Was ist schlussendlich der Erfolg all dieser von Gott über Jahrhunderte zugunsten seines Volkes veranstalteten Wunder, wenn dieses doch die meiste Zeit von anderen Völkern versklavt wurde?

8. Die ganze Geschichte um Samson und seine Liebschaften und seine Haare und seinen Löwen und seine dreihundert Füchse scheint eher zur Belustigung der Vorstellung als zur Erbauung des Geistes gedacht. Die um Josua und
Jeftah sind barbarisch. Ri 11,30 Ri 13,1

9. Die Geschichte der Könige ist ein Gewebe aus Grausamkeiten und Morden, dass einem das Herz bluten möchte. Fast alle Angaben sind unglaubwürdig. Saul, der erste jüdische König, findet in seinem ganzen Volk nur zwei Schwer-
ter, während sein Nachfolger David 1. Sam 13,19
ein Vermögen von zwanzig Milliarden in Silber hinterlässt.[4] Ihr behauptet, dass diese Bücher von Gott selbst geschrieben wurden; ihr wisst, dass Gott nicht lügen kann. Wenn also ein einziges Faktum falsch ist, ist das ganze Buch ein Betrug.

4 Wie Voltaire stets betont: Erfunden ist, was sich widerspricht. So auch diese Zahl, die er in *Des Juifs* mit „fünfundzwanzig Milliarden sechshundertachtundvierzig Millionen Livre", im *Dictionnaire philosophique* mit „circa zwanzig Milliarden", in den *Questions sur l'Encyclopédie* mit „bis zu einundzwanzig oder zweiundzwanzig Milliarden" angibt.

10. Die Propheten sind nicht weniger abstoßend für einen Menschen, der nicht über die Gabe verfügt, in den verborgenen und allegorischen Sinn dieser Prophezeiungen vorzudringen. Er staunt darüber, dass Jeremias sich Sattel und Kummet anlegt und sich mit
Stricken fesseln lässt; dass Hosea sich Jer 38,13

Hos 1,2 und 3,1 → Jes 20,2 → Hes 4,4 → Hes 3,1 → Hes 4,12 → Hes 23,20 → 2. Kön 2,23 →

mit einer ehebrecherischen Frau verbindet; dass Jesaja völlig nackt über einen öffentlichen Platz spaziert; dass Hesekiel dreihundertneunzig Tage auf der linken und vierzig auf der rechten Seite schläft, ein Buch aus Pergament frisst und sein Brot erst mit Menschenscheiße und dann mit Kuhfladen belegt; dass Ohola und Oholiba ein Bordell eröffnen und Gott zu ihnen sagt, dass sie nur Eselschwänze und Pferdesperma mögen, und so weiter. Gewiss, wenn der Leser nicht über die Gebräuche des Landes und die Eigenheiten des Prophetenberufes unterrichtet ist, darf er befürchten, schockiert zu sein. Wenn er dann noch sieht, wie Elias vierzig Kinder einem Bären zum Fraß vorwirft, weil sie ihn Glatzkopf genannt haben, dann wird eine dermaßen unverhältnismäßige Bestrafung in ihm mehr Schrecken als Respekt erwecken.

Verzeihen Sie mir, wenn mich die jüdischen Bücher etwas in Ratlosigkeit gestürzt haben. Ich möchte den Gegenstand Ihrer Verehrung nicht herabwürdigen. Ich gebe gerne zu, dass ich mich in Angelegenheiten des Anstandes oder der Rechtsprechung täuschen kann, denn sie sind nicht in allen Zeiten die gleichen; ich sage mir, dass sich unsere Sitten von denen vergangener Jahrhunderte unterscheiden. Vielleicht aber könnte auch Ihre Vorliebe für das Neue Testament dazu dienen, meine

Skrupel bezüglich des Alten zu rechtfertigen. Ganz gewiss ist Ihnen das Gesetz der Juden als nicht gut genug erschienen, schließlich haben Sie es aufgegeben. Wenn es wahrhaftig gut wäre, wie hätten Sie ihm dann nicht immerzu folgen können? Wenn es schlecht wäre, wie könnte es dann göttlich sein?

DER CALOGERO
Das Alte Testament hat seine Schwierigkeiten. Aber Sie werden mir doch zugestehen, dass das Neue Testament in Ihnen nicht dieselben Zweifel und Skrupel aufsteigen lässt wie das Alte?

DER WELTLÄUFIGE MANN
Ich habe sie beide aufmerksam gelesen. Aber Sie müssen erdulden, dass ich Ihnen die Unsicherheiten offenlege, in die mich meine Unwissenheit stürzt. Sie werden sie erst beklagen, dann werden Sie sie mildern.

Hier in Aleppo lebe ich mit armenischen Christen, die es verbieten, Hase zu essen, mit den Griechen, die davon überzeugt sind, dass der heilige Geist nicht aus dem Sohn hervorgeht, mit Nestorianern, die leugnen, dass Maria die Mutter Gottes ist, und mit einigen Lateinern, die sich damit rühmen, dass bis zum Ende des Okzidents die Christen Europas anders denken als die Asiens oder Afrikas. Ich weiß, dass sich in Europa fünf oder sechs Sekten gegenseitig verfluchen.

Die Muslime, unter denen ich lebe, blicken mit Verachtung und Schrecken auf all diese Christen, die sie dennoch tolerieren. Die Juden haben für Christen und Muslime gleichermaßen nur Abscheu übrig; die Parsen ver achten alle; und die paar übrigen Sabäer würden mit keinem der Vorgenannten gemeinsam essen, während die Brahmanen weder Sabäer noch Parsen noch Christen noch Muslime noch Juden ausstehen können.

Hundertmal habe ich mir gewünscht, dass Jesus Christus durch seine Menschwerdung in Judäa alle diese Sekten unter seinen Gesetzen vereinigt hätte. Ich habe mich gefragt, warum er als Gott nicht die Rechte der Gottheit geltend gemacht hat, warum er uns in der Sünde belassen hat, wo er doch gekommen sein soll, um uns von der Sünde zu erlösen, warum er so gut wie alle Menschen im Irrtum belassen hat, wo er gekommen sein soll, um alle Menschen zu erleuchten?

Ich weiß, dass ich nichts bin. Ich weiß, dass ich aus der Tiefe meines Nichts heraus nicht das Wesen aller Wesen zu hinterfragen habe. Aber es ist mir wie Hiob erlaubt, meine bescheidenen Klagen aus dem Herzen meines Elends zu erheben.

Was verlangen Sie, was ich denken soll, wenn man mir zwei Stammbäume Jesu vorsetzt, die einander unmittelbar

widersprechen, die bezüglich der Namen
und der Anzahl seiner Vorfahren
völlig auseinandergehen, und schluss-
endlich beide nicht der Stammbaum
Jesu sind, sondern der seines
Vaters Joseph, der nicht sein Vater ist? Mt 1,1 und Lk 3,23

Ich foltere meinen Geist, um zu ver-
stehen, wie ein Gott sterben kann. Ich
lese die heiligen und die weltlichen
Schriften jener Zeit; eines der heiligen
Bücher sagt mir, dass ein neuer Stern im
Osten aufgegangen ist und Magier
vor die Füße des soeben geborenen Gottes
führt. Mt 2,1 Kein einziges weltliches Buch
spricht von diesem ewig denkwürdigen
Ereignis, das von der ganzen Welt hätte
wahrgenommen und in den Annalen
aller Staaten hätte festgehalten werden
müssen. Ein Evangelist sagt mir,
dass ein König namens Herodes, dem die
Römer, die Herren der bekannten
Welt, Judäa überlassen hatten, davon er-
fuhr, dass in einem Stall soeben ein
Kind zur Welt gekommen sei, das einst
König der Juden sein würde. Aber
wie und von wem und mit welcher
Begründung hörte er diese Neuigkeit?
Ist es möglich, dass dieser König, der
nicht den Verstand verloren hatte, auf die
Idee kam, alle kleinen Kinder des
Landes abschlachten zu lassen, nur um
mit dem Massaker auch ein unbe-
kanntes Kind zu erwischen? Mt 2,16 Gibt es auf
der Welt auch nur ein Beispiel für der-
art abscheulichen und sinnlosen Wahn?

Ich sehe, dass sich die Evangelien, die uns überliefert sind, auf fast jeder Seite widersprechen. Ich öffne das Geschichtswerk des Flavius Josephus, eines fast zeitgenössischen Autors. Josephus ist verwandt mit Mariamne, die von Herodes geopfert wurde. Josephus ist also ein natürlicher Feind dieses Fürsten; er verliert kein Wort über jenen Vorfall, er ist ein Jude und erwähnt Jesus, der bei den Juden geboren wurde, nicht einmal.

Welche Unsicherheiten erdrücken mich auf der so wichtigen Suche nach dem, was ich anbeten muss, und nach dem, was ich glauben muss! Ich lese die Schriften und finde nirgends eine Stelle, an der sich Jesus, seither als Gott anerkannt, je selbst als Gott bezeichnet hätte. Vielmehr ganz im Gegenteil, er sagt, dass sein Vater größer ist als er, und dass der Vater allein weiß, was der Sohn verkennt. Und wie muss man diese Aussage im Zusammenhang eines Volkes verstehen, das die Bösen als Söhne Belials und die Gerechten als Söhne Gottes bezeichnete? Einige der moralischen Grundsätze Jesu mache ich mir zu eigen, aber welcher Gesetzgeber hat jemals eine schlechte Moral vorgeschrieben? In welcher Religion sind Ehebruch, Diebstahl, Mord und Betrug nicht verboten? Wo werden die Achtung vor den Eltern, der Gehorsam gegenüber dem Gesetz und die

→ Joh 14,28 und Mt 24,36

Ausübung aller Tugenden nicht ausdrücklich angeordnet?

Je weiter ich lese, desto mehr vervielfacht sich mein Kummer. Ich suche nach Wundern, die eines Gottes würdig sind und die das Universum bezeugt. Mit der schmerzlichen Naivität dessen, der zu lästern fürchtet, wage ich zu sagen, dass die Teufel, die in eine Herde Schweine getrieben werden, das Wasser, das den Besoffenen zuliebe in Wein verwandelt wird, der Feigenbaum, der verdorrt, weil er nicht zur Unzeit Früchte trägt, dass all das nicht den Vorstellungen genügt, die ich mir vom Meister der Natur gemacht hatte, der die Wahrheit durch aufsehenerregende und nützliche Wunder verkünden und beweisen sollte. Kann ich diesen Meister der Natur in einem Juden anbeten, den der Teufel auf einen Bergesgipfel entrückt haben soll, von dem aus man alle Reiche der Erde überblicken kann?

Mt 21,19 und Mk 11,13 ↓
Mt 8,28 und Mk 5,2 und Lk 8,27 ↓
Joh 2,4 ↓
Mt 4,8 und Lk 4,5 ↓

Ich lese die Worte, die man von ihm überliefert. Ich sehe darin die baldige Ankunft des Himmelsreiches symbolisiert durch ein Senfkorn, ein Fischernetz, einen gut angelegten Geldbetrag, ein Abendmahl, zu dem man Blinde und Lahme zwingt. Jesus sagt, dass man neuen Wein nicht in alte Schläuche füllt und dass alter Wein beliebter ist als neuer. Spricht so Gott? Er kündigt ausdrücklich

Mt 25,14 und Lk 19,11 ↓
Mt 9,17 und Mk 2,22 und Lk 5,37 ↓
Mt 13,47 ↓
Mt 13,31 und Mk 4,31 und Lk 13,19 ↓
Lk 14,16 ↓

an, dass in der nächsten Generation der Menschensohn kommen wird in einer
Mt 26,64 und Mk 13,26 und Lk 21,22 → Wolke. Was bedeutet der Menschensohn? Wie kommt man in einer Wolke? Hat sich diese Prophezeiung erfüllt?

Schlussendlich, wie soll ich Gott in der Gestalt eines Juden aus dem Pöbel erkennen, der zum niedersten Tod verurteilt wird, weil er vor dem Pöbel schlecht über den Magistrat gesprochen hat, der blutigen Schweiß ausschwitzt aus Angst und Schrecken vor dem Tod? Was ist das gegen Platon oder Sokrates oder Marc Aurel oder Epiktet oder Zaleukos oder Solon oder Konfuzius? Hat nicht jeder dieser Weisen in einer Art und Weise geschrieben und gesprochen, die eher zu dem passt, was wir uns unter Weisheit vorstellen? Und wie anders können wir urteilen als anhand unserer Vorstellungen?

Als ich Ihnen gesagt habe, dass ich mir einige der Grundsätze Jesu zu eigen gemacht habe, haben Sie sicherlich bemerkt, dass ich also nicht alle annehmen kann. So hat es mich etwa betrübt zu lesen: „Ich bin nicht gekommen, Frieden
Mt 10,34 → zu bringen, sondern das Schwert.“
Oder: „Ich bin gekommen, um den Sohn und den Vater, die Tochter, die Mutter
Lk 12,53 → und die Verwandten zu entzweien.“
Ich muss gestehen, dass mich diese Worte mit Kummer und Entsetzen erfüllt haben. Wenn ich diese Worte als eine Prophezeiung betrachte, dann glaube ich

sie in den Streitereien, die die Christen von Anfang an gespalten haben, und in den Bürgerkriegen, die ihnen über Jahrhunderte Waffen in die Hand gelegt haben, erfüllt zu sehen.

Ich gestehe Ihnen auch Anwandlungen von Entrüstung und Mitleid in meinem Herzen, wenn ich lese, wie sich Petrus und Paulus von ihren Sektenmitgliedern das Geld vor die Füße legen lassen. (Apg 5,1) Hananias und Saphira haben ihren Acker verkauft, etwas von dem Erlös für sich behalten und nichts davon gesagt. Petrus bestraft sie, indem er den Gatten und die Gattin plötzlich tot umfallen lässt. Ach! Das ist nicht das Wunder, das ich von denen erwartet hätte, die behaupten, dass sie die Bekehrung des Sünders seinem Tod vorziehen. (Etwa 2 Tim 2,25) Ich erlaube mir zu denken, dass die Wunder, die Gott wirken würde, Menschen heilen und sie nicht töten, dass sie sie zurechtweisen, aber nicht verderben, weil er ein Gott der Barmherzigkeit und kein blutrünstiger Tyrann ist. Mich hat an dieser Geschichte besonders abgestoßen, dass Petrus zunächst Hananias sterben lässt; dann sieht er dessen Frau Saphira kommen und warnt sie nicht, sagt kein Wort, weist sie nicht darauf hin, dass sie nichts für sich behalten, sondern jede Obole offenlegen und spenden soll, damit es ihr nicht ergeht wie ihrem Mann – sondern er lässt sie ganz im Gegenteil in die Falle tappen. Es wirkt, als hätte er seine Freude daran, noch ein zweites Opfer zu töten. Ich gestehe, dass mir bei dieser Episode immer die Haare zu Berge standen. Ich konnte mich erst darüber trösten, als ich erkannte, dass diese Geschehnisse unmöglich und lächerlich sind.

Da Sie mir schon erlauben, meine Gedanken zu entwickeln, so fahre ich fort und sage Ihnen, dass ich in der Geschichte von Christus keine Spur von Christentum gefunden habe. Die vier Evangelien, die uns überliefert sind, stehen in mehreren Punkten im Widerspruch miteinander, aber alle bezeugen einhellig, dass sich Jesus unter das mosaische Gesetz stellte, von seiner Geburt bis zu seinem Tod. Alle seine Schüler gingen regelmäßig in die Synagoge, sie predigten eine Reform, aber sie verkündeten keine neue Religion. Erst lange Zeit später haben sich die Christen völlig von den Juden abgespalten. Wann war der genaue Zeitpunkt, als Gott beschloss, dass man von nun an nicht mehr Jude, sondern Christ sein muss? Wer könnte nicht sehen, dass das alles mit der Zeit entstanden ist und ein Dogma auf das andere folgte?

Hätte Jesus eine christliche Kirche gründen wollen, hätte er nicht Gesetze für sie aufgestellt? Hätte er nicht selbst die Riten festgelegt und die sieben Sakramente ausgerufen, über die er aber kein Wort verliert? Hätte er nicht gesagt: Ich bin Gott, gezeugt und unerschaffen, der heilige Geist geht aus meinem Vater hervor, ohne gezeugt zu werden, ich besitze zweifachen Willen in einer Person, meine Mutter ist die Mutter Gottes? Ganz im Gegenteil aber, er sagte zu seiner Mutter: „Was habe ich mit dir zu schaffen, Frau?“ Joh 2,4

Er hat kein Dogma, keinen Ritus, keine Hierarchie festgeschrieben. Mit anderen Worten: Nicht er hat seine Religion gemacht.

Als die ersten Dogmen beginnen sich festzusetzen, stützen die Christen diese Dogmen auf untergeschobene Bücher; sie schreiben den Sibyllen akrostische Verse über das Christentum zu; sie fälschen Geschichten und Wunder, deren Absurdität sich mit Händen greifen lässt. Dieser Art ist beispielsweise die Geschichte vom neuen Jerusalem, das in der Luft erbaut ist, dessen Mauern fünfzig Meilen hoch sind, das die Nacht hindurch über den Horizont schweift und mit Tagesanbruch verschwindet. Offb 21,10

Hier beginnt die Variante.

Was für kindische Wunder man da erfunden hat, was für gefälschte Märtyrer, was für widersinnige Legenden! *Portenta judaica rides.*[5]

Und was für ein Ziel haben all diese

5 Voltaire spielt auf einen Vers aus dem letzten *Brief* des Horaz an (Epist. II, 2, V. 209), in dem eine erstrebenswert aufgeklärte Haltung gegenüber dem Aberglauben auf die Formel *portenta thessala rides*, d.h. „du lachst über thessalische Wundermärchen“, gebracht wird. Thessalien war bekannt für seine aktive Zaubererszene.

plumpen Betrügereien verfolgt? Über die Geister zu herrschen, der Gutgläubigkeit der Idioten Hohn zu sprechen, ihre Güter zu plündern, Paläste über den Trümmern der Hütten der Armen zu errichten, mit Hochmut zu befehlen und Demut zu predigen; über noch mehr Soldaten als Priester zu gebieten; aus einem stolzen Palast heraus den Bedürftigen zum Tode zu verurteilen, der es wagt, seine Augen und seine Stimme gegen den Prunk und die Üppigkeit der Betrüger zu erheben, die sich mit dem Blut der Elenden gemästet haben. Lesen Sie nur die Geschichte der christlichen Kirche, sie werden vor Grauen erzittern und das Menschengeschlecht beweinen.

☞ Hier endet die Variante.

DER CALOGERO
Ich sehe mich gezwungen, einem Teil dessen, was Sie gesagt haben, zuzustimmen. Aber am Ende werden doch auch Sie mir zustimmen, dass es unter den vielen Verbrechen auch große Tugenden gibt. Sollte Sie der Missbrauch verbittern, ohne dass die guten Gesetze Sie rühren? Über diese guten Gesetze hinaus beweisen zudem die Wunder die Göttlichkeit Jesu Christi.

DER WELTLÄUFIGE MANN
Wunder? Gerechter Himmel! Welche Religion hat denn nicht ihre Wunder? Im Altertum ist alles Mögliche gleich Zeichen und Wunder. Wie? Sie glauben nicht an die Wunder, die von Herodot

und Titus Livius und hundert anderen, in aller Herren Länder hochgeschätzten Autoren mitgeteilt werden, sondern glauben lieber an die Abenteuer aus Palästina, die, so sagt man, ein Johannes und ein Markus aufgeschrieben haben – Bücher, die bei Griechen wie Römern dreihundert Jahre lang ungelesen blieben, Bücher, die zweifellos nach der Zerstörung Jerusalems verfasst wurden, wie aus ihren Seiten selbst hervorgeht, auf denen die Widersprüche wimmeln wie Ameisen? So heißt es beispielsweise im Evangelium des Matthäus, dass das Blut des Zacharias, Sohn des Barachias, ermordet zwischen Tempel und Altar, über die Juden kommen werde. Dann liest man im Geschichtswerk des Flavius Josephus, dass dieser Zacharias in der Tat zwischen Tempel und Altar ermordet wurde, und zwar während der Belagerung von Jerusalem durch Titus.[6] Also kann dieses Evangelium nur in der Zeit nach Titus geschrieben worden sein. Und warum sollte Gott diese Wunder vollbracht haben, um dann von den Juden zum Galgen verurteilt zu werden? Was? Er hat Tote auferstehen lassen und hat nichts davon, außer selbst zu sterben, als zu Tode gefoltert zu werden? Wenn er Wunder ins Werk gesetzt hätte, hätten sie dazu beigetragen, seine Göttlichkeit bekannt zu machen.

Mt 23,35 ←

6 *Geschichte des jüdischen Krieges* IV.5,4

Erwägen Sie wohl, was es bedeutet, Gott vorzuwerfen, er wäre umsonst Mensch geworden, er hätte Tote zum Leben erweckt, nur um selbst gehängt zu werden. So lesen wir also von tausend Wundern zugunsten der Juden, und sie werden doch versklavt, und von den Wundern Jesu, und Jesus stirbt doch am Kreuz. Verzeihen Sie mir, dass ich erschauere und zweifle.

DER CALOGERO
Ich bestreite nicht, dass Ihre Zweifel begründet sind, und ich fühle, dass Ihre Überlegungen aufrichtig sind. Aber schlussendlich müssen Sie doch zugeben, dass die Menschen eine Religion brauchen.

DER WELTLÄUFIGE MANN
Ohne Zweifel, die Seele bedarf dieser Nahrung, aber warum sollte man sie mit Gift vertauschen? Warum die einfache Wahrheit unter einem Haufen unwürdiger Lügen ersticken? Warum diese Lügen mit Feuer und Schwert durchsetzen? Ein höllischer Gräuel! Zwischen dem Menschen und Gott besteht die Religion in Anbetung und Tugend; zwischen dem Fürsten und seinen Untertanen in einer Frage der Ordnung; und von Mensch zu Mensch nur allzu oft in einem Austausch von Betrügereien. Lasst uns Gott ehrlich und einfach anbeten und niemanden täuschen. Ja, eine Religion ist nötig, aber eine reine, vernünftige, universale Religion.

Sie muss der Sonne gleichen, die für alle Menschen da ist und nicht nur für ein privilegiertes Grüppchen. Die Vorstellung, dass Gott alle Augen erleuchtet, aber so gut wie alle Seelen in die Finsternis stürzt, ist absurd, niederträchtig und verwerflich. Es gibt nur eine dem ganzen Universum gemeinsame Aufrichtigkeit und also auch nur eine Religion. Und welche soll das sein? Sie wissen es, sie besteht darin, Gott anzubeten und gerecht zu sein.

DER CALOGERO
Aber wie hat sich dann Ihrer Meinung nach meine Religion festigen können?

DER WELTLÄUFIGE MANN
So wie alle anderen. Ein Mensch mit starker Vorstellungskraft sucht sich ein Gefolge aus Leuten mit schwacher Vorstellungskraft. Die Mannschaft wächst; der Fanatismus macht den Anfang, der Betrug vollendet. Ein mächtiger Mann tritt auf. Er erblickt eine Menschenmenge, die bereits den Sattel auf dem Rücken und die Kandare zwischen den Zähnen hat: Er steigt auf und führt sie. Sobald die neue Religion in den Staat aufgenommen ist, muss sich die Regierung nur noch darum kümmern, die Mittel vorzuschreiben, mit denen sie sich festigen konnte. Den Anfang haben geheime Versammlungen gemacht; man drängt sie zurück. Die ersten Apostel hatten die

ausdrückliche Aufgabe, Teufel zu verjagen. Man drängt die Teufel zurück. Die Apostel ließen sich das Geld der Proselyten bringen. Wer sich überzeugen ließ, das Geld anzunehmen, wird bestraft. Sie sagten, man müsse Gott mehr gehorchen denn den Apg 5,29 → Menschen, und unter diesem Vorwand setzten sie sich über die Gesetze hinweg. Die Regierung bleibt dabei, dass den Gesetzen zu folgen und Gott zu gehorchen ein und dasselbe ist. Schließlich bemüht sich die Politik stets darum, den überlieferten Irrtum und das öffentliche Wohl zu versöhnen.

DER CALOGERO
Aber Sie sind unterwegs nach Europa. Sie werden gezwungen sein, sich an irgendeinen der überlieferten Kulte anzupassen.

DER WELTLÄUFIGE MANN
Was soll denn das? Kann ich denn nicht in Europa, wie ich es auch hier in Aleppo tue, friedlich den Schöpfer aller Welten anbeten, den Gott aller Menschen, der in mein Herz die Liebe zur Wahrheit und zur Gerechtigkeit gelegt hat?

DER CALOGERO
Nein. Das ist zu gefährlich. Europa ist in Cliquen gespalten und Sie müssen sich für eine entscheiden.

DER WELTLÄUFIGE MANN
Cliquen, wo es um die universale Wahrheit geht, wo es um Gott geht!

DER CALOGERO
Das ist das Elend der Menschen: Man ist gezwungen, es den anderen gleichzutun oder sich in die Einsamkeit zu begeben. Ich empfehle Ihnen die griechisch-orthodoxe Kirche.

DER WELTLÄUFIGE MANN
Sie ist eine Sklavin.

DER CALOGERO
Möchten Sie sich der römischen Kirche unterwerfen?

DER WELTLÄUFIGE MANN
Sie ist eine Tyrannin. Ich will weder einen simonistischen Patriarchen, der seine schmachvolle Würde einem Großwesir abkauft, noch einen Pfaffen, der sich seit siebenhundert Jahren für den Meister der Könige hält.

DER CALOGERO
Es wäre unpassend für einen Mönch, wie ich es bin, Ihnen die protestantische Religion zu empfehlen.

DER WELTLÄUFIGE MANN
Das wäre von allen vielleicht diejenige, die ich am ehesten annehmen würde – wenn ich denn das Unglück haben sollte, in eine Partei eintreten zu müssen.

DER CALOGERO
Warum ziehen Sie ihr nicht eine ältere Religion vor?

DER WELTLÄUFIGE MANN
Sie erscheint mir deutlich älter als die römische.

DER CALOGERO
Wie das? Wollen Sie mir sagen, dass der heilige Petrus nicht älter sein sollte als Luther, Zwingli, Oekolampad, Calvin, die Reformatoren Englands, Dänemarks, Schwedens usw.?

DER WELTLÄUFIGE MANN
Die protestantische Religion scheint mir weder von Luther noch von Zwingli erfunden worden zu sein, vielmehr scheint mir, dass sie ihrer Quelle näher ist als die römische Religion, dass sie sich also nur an das hält, was ausdrücklich im Evangelium der Christen steht, wohingegen die Römer ihren Kult mit Zeremonien und neuen Dogmen überladen haben. Man muss doch nur die Augen aufmachen, um zu sehen, dass der Gesetzgeber der Christen keinerlei Festtage angeordnet hat, dass er nicht die Anbetung von Bildern und Gebeinen befohlen, keine Ablässe verkauft, keine Annaten eingenommen, keine Pfründe vergeben, keine zeitlichen Würden besessen, keine Inquisition zur Durchsetzung seiner Gesetze eingerichtet und keine Henker

für die Erhaltung seiner Autorität nötig gehabt hat. Die Protestanten missbilligen all diese entsetzlichen und unseligen Neuerungen; sie sind überall einem Magistrat ergeben, und die römische Kirche kämpft seit achthundert Jahren gegen jeglichen Magistrat. Wenn sich die Protestanten auch im Grundsatz genauso irren wie die anderen, so ziehen sie daraus doch weniger falsche Konsequenzen; und da man eben mit Menschen umgehen muss, gehe ich gerne mit denen um, die sich am wenigsten irren.

DER CALOGERO
Ich bekomme den Eindruck, dass Sie sich eine Religion aussuchen, wie man Stoffe bei den Händlern kauft: Sie gehen zu dem, der das billigste Angebot macht.

DER WELTLÄUFIGE MANN
Ich habe Ihnen meine Vorlieben für den Fall genannt, dass ich eine Wahl treffen muss, die den Regeln der menschlichen Klugheit folgt. Allerdings muss ich mich gewiss nicht an die Menschen wenden, sondern an Gott allein. Er spricht zu allen Herzen, wir haben alle das gleiche Recht, ihn zu hören.
Das Gewissen, dass er allen Menschen gegeben hat, ist ihr universales Gesetz. Von einem Pol zum anderen empfinden die Menschen, dass man gerecht sein, seinen Vater und seine Mutter ehren, seinen Nächsten helfen, seine Versprechen halten muss. Diese Gesetze

stammen von Gott, das Affentheater stammt von den Sterblichen. Alle Religionen sind uneins wie alle Regierungen; Gott lässt die einen wie die anderen zu. Ich habe immer geglaubt, dass die äußerliche Form der Anbetung für Gott weder Schmeichelei noch Beleidigung bedeuten könnte; vorausgesetzt nur, diese Anbetung ist weder abergläubisch ihm noch barbarisch den Menschen gegenüber.

Aber ist es nicht in der Tat eine Beleidigung Gottes, zu denken, dass er ein kleines verbrecherisches Grüppchen auserwählt hat, um alle anderen zu verdammen? Dass der Mörder Urias sein Liebling ist, dass er den frommen Antoninus verabscheut?[7] Ist es nicht der Gipfel der Absurdität zu denken, dass das Höchste Wesen je einen Calogero dafür bestrafen würde, Hase gegessen zu haben, oder einen Türken, Schwein gegessen zu haben? Man sagt, dass es einst Völker gab, die Zwiebeln zu Göttern erhoben; es gibt auch andere, die behaupteten, dass sich ein Stück Teig in so viele Götter verwandelt hat, wie es in Brösel zerfällt. Man muss diese beiden Extreme des menschlichen Schwachsinns gleichermaßen bemitleiden. Aber dass diejenigen, die solchen Träumereien anhängen,

7 Voltaire kontrastiert hier den König David (2 Sam 11,1) und den (friedlich herrschenden, aber heidnischen) Kaiser Antoninus Pius (121–180).

es wagen, diejenigen zu verfolgen, die nicht daran glauben, das ist das Schreckliche. Die alten Parsen, die Sabäer, die Ägypter, die Griechen, sie alle sind von einer Hölle ausgegangen, und diese Hölle befindet sich auf Erden, die Verfolger sind ihre Teufel.

DER CALOGERO
Ich hasse solche Verfolgungen, solchen Zwang genauso wie Sie; und dem Himmel sei Dank, ich habe es Ihnen ja bereits gesagt, die Türken, unter denen ich in Frieden lebe, verfolgen niemanden.

DER WELTLÄUFIGE MANN
Oh, wenn nur alle Völker Europas dem Beispiel der Türken folgen könnten!

DER CALOGERO
Allerdings möchte ich hinzufügen, dass ich Ihnen als Calogero keine andere Religion nahelegen kann als die vom Berg Athos, zu der ich mich bekenne.

DER WELTLÄUFIGE MANN
Und ich möchte hinzufügen, dass ich Ihnen als Mensch keine andere Religion nahelegen kann als die, die allen Menschen angemessen ist, die Religion aller Patriarchen und Weisen des Altertums, die Anbetung eines Gottes, die Gerechtigkeit, die Nächstenliebe, die Nachsicht gegenüber allen Irrtümern und die Mildtätigkeit in allen Lebenslagen. Diese Religion ist Gottes würdig

und diese Religion hat Gott in alle Herzen
eingeschrieben. Aber mit Gewissheit
hat er dort nicht hingeschrieben, dass
Drei gleich Eins und ein Stück Brot
das Höchste Wesen ist, oder dass
die Eselin des Bileam sprechen konnte. (Num 22,28 →)

DER CALOGERO
Halten Sie mich nicht davon ab,
ein Calogero zu sein.

DER WELTLÄUFIGE MANN
Halten Sie mich nicht davon ab,
ein weltläufiger Mann zu sein.

DER CALOGERO
Ich diene Gott, wie es in meinem Kloster
Brauch ist.

DER WELTLÄUFIGE MANN
Und ich, wie mein Gewissen es mir
vorschreibt. Es sagt mir, Calogeros,
Derwische, Bonzen und andere buddhistische Mönche zu beklagen und zu
lieben, alle Menschen als meine Brüder
anzusehen.

DER CALOGERO
Ha! Mag ich voll und ganz Calogero sein,
ich denke wie Sie.

DER WELTLÄUFIGE MANN
Mein Gott, segne diesen guten Calogero!

DER CALOGERO
Mein Gott, segne diesen weltläufigen Mann!

Variante zum Katechismus des weltläufigen Mannes (1764)

Einstieg siehe oben S. 91 ☞

DER WELTLÄUFIGE MANN

(...) Was für kindische Wunder man da erfunden hat, was für gefälschte Märtyrer, was für widersinnige Legenden! *Portenta judaica rides.*

Wie konnte sich derjenige, der das Lukas-Märchen unter dem Titel einer frohen Botschaft geschrieben hat, erdreisten, im einundzwanzigsten Kapitel zu behaupten, dass, noch bevor seine eigene Generation vergehen werde, die Kräfte des Himmels ins Wanken geraten, Zeichen an Sonne und Mond und Sternen geschehen würden, und schließlich Jesus in den Wolken kommen werde,
Lk 21,25 → mit großer Kraft und Herrlichkeit? Ganz gewiss hat es weder Zeichen an Sonne und Mond und Sternen gegeben noch ist der Himmel ins Wanken geraten noch ist Jesus mit Herrlichkeit in einer Wolke gekommen.

Woher nimmt der Fanatiker, der die Paulusbriefe überarbeitet hat, die Tollkühnheit zu sagen: „Jesus hat mich gelehrt, dass wir Lebenden für seine Wiederkunft bestimmt sind, sobald die Posaune das Zeichen gegeben haben wird; diejenigen, die in Jesus gestorben sind, werden als erste wiederauferstehen, und dann werden wir Lebenden mit ihnen durch die Lüfte entrückt werden, um vor Jesus zu
Nach 1. Kor 15,51 → kommen“?

Hat sich diese hübsche Vorhersage erfüllt? Wurden Paulus und die Juden beim Klang der Posaune durch die Lüfte bis vor Jesus entrückt? Und wo, bitte sehr, will denn dieser Paulus diese wunderlichen Dinge von Jesus gelernt haben – er, der ihn nie gesehen hat, er, der als Henker von dessen Schülern diente, er, der bei der Steinigung des Stephanus mitgeholfen hat? Hat er sich mit Jesus unterhalten, als er in den dritten Himmel entrückt wurde? Und was ist dieser dritte Himmel? Merkur oder Mars? Wenn man aufmerksam liest, dann wird man, ehrlich gesagt, auf jeder Seite von Entsetzen und Mitleid gepackt.

← Apg 7,58
← 2. Kor 12,2

DER CALOGERO
Wenn dieses Buch aber eine derartige Wirkung auf seine Leser hat, warum hat es dann so viele Gläubige gefunden, so viele tausend Menschen bekehrt?

DER WELTLÄUFIGE MANN
Weil man es nicht gelesen hat. Überzeugt man auf dem Weg der Lektüre denn zehn Millionen Bauern, dass Drei gleich Eins ist, dass sich Gott in einem Stück Teig versteckt, dass der Teig einfach verschwindet und es Gott selbst ist, der da ad hoc von einem Menschen erzeugt wird? Das geschieht vielmehr durch Gespräche, das geschieht durch die Verführung von Frauen und Kindern, dafür braucht es Betrug und Wundergeschichten, und dann bekommt man schon eine kleine Truppe zusammen. Die frühen Christen hatten nur sehr wenige Bücher; es war verboten, sie den Taufanwärtern zu zeigen; man wurde im Geheimen in die Mysterien der Christen eingeführt, wie man auch in die der Ceres eingeführt wurde. Das einfache Volk lief begierig den Leuten nach, die ihm einredeten, dass nicht nur alle Menschen gleich, sondern ein Christ vielmehr einem römischen Kaiser bei Weitem überlegen sei. Die ganze Erde war damals unter kleinen Gruppen aufgeteilt, ägyptische, griechische,

syrische, römische, jüdische usw. Die Sekte der Christen hatte mit Blick auf den Pöbel alle nur denkbaren Vorteile. Es genügten drei oder vier Hitzköpfe wie Paulus, um das Lumpenpack anzulocken. Bald darauf fanden sich einige geschickte Männer ein, die sich an die Spitze der Bewegung setzten. Fast alle Sekten haben sich auf diese Weise etabliert, mit Ausnahme der Sekte Mohammeds, der glanzvollsten von allen. Unter allen menschlichen Institutionen scheint sie allein unter dem Schutz Gottes entstanden zu sein, da sie ihr Dasein ausschließlich Siegen verdankt.

Die islamische Religion ist nach zwölfhundert Jahren immer noch dieselbe, die sie unter ihrem Gründer gewesen ist: Man hat nichts verändert. Die Gesetze, die Mohammed selbst aufgeschrieben hat, haben in ihrer Gesamtheit Bestand. Sein Koran wird in Persien ebenso geachtet wie in der Türkei, in Afrika ebenso wie in der Südsee. Überall befolgt man ihn aufs Wort, und man streitet sich nur darüber, ob Ali oder Omar die rechtmäßige Nachfolge des Propheten angetreten haben. Das Christentum hingegen unterscheidet sich in allem von der Religion Jesu. Dieser Jesus, Sohn eines Zimmermanns vom Dorf, hat nie etwas geschrieben, und wahrscheinlich konnte er weder lesen noch schreiben. Er wurde als Jude geboren, und so lebte und starb er auch, unter der Beobachtung aller jüdischen Riten; er war beschnitten, opferte gemäß dem mosaischen Gesetz, er aß sein Osterlamm mit bitterem Salat, er enthielt sich des Genusses von Schwein, Ixion und Greif[8] und aß dem mosaischen Gesetz folgend auch keinen Hasen, weil dieser

↓ Mt 26,18, Mk 14,14, Lk 22,8 mit Ex 12,8

wiederkäut und keine gespaltenen Klauen hat. Ihr Christen hingegen wagt es zu glauben, dass der Hase sehr wohl gespaltene Klauen hat, dass er aber nicht wiederkäut, und also esst ihr ihn mit Lust; wenn ihr einen Ixion oder Greifen finden würdet, würdet ihr sie braten; ihr seid nicht beschnitten und ihr opfert nicht; keiner eurer Feiertage wurde von Jesus festgesetzt. Was könntet ihr mit ihm gemeinsam haben?

8 Mit einem Seitenhieb auf Dtn 14,12 macht sich Voltaire über das Verbot lustig, mythische Vögel zu essen, die es gar nicht gibt.

← Lev 11,6

DER CALOGERO
Ich gebe zu, dass ich ein ziemlich unverfrorener Betrüger sein müsste, um die Meinung zu vertreten, dass das Christentum von heute dem der ersten Jahrhunderte gleicht, und das der ersten Jahrhunderte der Religion Jesu. Aber da müssen auch Sie mir zugeben, dass Gott alle diese Veränderungen angeordnet haben kann.

DER WELTLÄUFIGE MANN
Gott sich verändern! Gott sich verwandeln! Diese Vorstellung erscheint mir als Lästerung. Was? Die Sonne Gottes ist immerzu die gleiche, während seine Religion eine lange Folge verschiedener Scherereien sein sollte? Wie? Vergleichen Sie Gott mit einer jener elenden Regierungen, die jeden Tag neue Befehle ausgeben und neue Widersprüche hervorbringen? Er sollte Adam einen Erlass gegeben haben und Seth einen anderen, Noah einen dritten, Abraham

einen vierten, Moses einen fünften, Jesus einen sechsten, und dann von neuem weitere Erlässe für jedes einzelne Konzil? So hätte sich alles verändert, vom Verbot, vom Baum der Erkenntnis des Guten und des Bösen zu essen, bis zur Bulle *Unigenitus* des Jesuiten Le Tellier![9] Glauben Sie mir, Sie sollten davor zittern, Gott mit dem Vorwurf solcher Unbeständigkeit, solcher Schwäche, solcher Widersprüchlichkeit, solcher Lächerlichkeit und selbst solcher Boshaftigkeit zu beschimpfen.

9 Der Jesuit Michel Le Tellier (1643–1719) war der Beichtvater Ludwigs XIV., und gilt als treibende Kraft hinter der päpstlichen Bulle *Unigenitus Dei filius* (1713), die sich gegen den Jansenismus richtete.

DER CALOGERO
Wenn all diese Veränderungen das Werk der Menschen sind, dann müssen Sie mir zugeben, dass zumindest die Moral von Gott stammt, denn sie ist immer die gleiche.

DER WELTLÄUFIGE MANN
So halten wir uns einmal an diese Moral. Aber wie die Christen sie verdorben haben! Wie grausam sie das natürliche Gesetz, das alle Gesetzgeber gelehrt haben und das in die Herzen aller Menschen eingeschrieben ist, geschändet haben!

Wenn Jesus von jenem Gesetz gesprochen hat, das so alt ist wie die Welt selbst, jenem Gesetz, das bei den Huronen ebenso gilt wie bei den Chinesen, nämlich *Liebe deinen Nächsten wie dich selbst*, so ist das Gesetz der Christen gewesen *Hasse deinen Nächsten wie dich selbst*.

Athanasier, verfolgt die Eusebianer und werdet von ihnen verfolgt![10] Kyrillianer, zerschlagt die Kinder der Nestorianer an den Mauern![11] Guelfen und Ghibellinen,[12] führt einen fünfhundertjährigen Bürgerkrieg, um herauszufinden ob Jesus dem vorgeblichen Nachfolger des Simon Barjona befohlen hat, die Kaiser und Könige vom Thron zu stoßen, oder ob Kaiser Konstantin dem Papst Silvester das Reich abgetreten hat![13] Ihr Papsttreuen, hängt die Unglücklichen an dreißig Fuß hohen Galgen, zerfetzt und verbrennt die Unglücklichen, die nicht glauben, dass ein Stück Brot durch die Stimme eines Kapuziners oder Franziskaners in Gott verwandelt wird, um noch auf dem Altar von Mäusen gefressen zu werden, wenn man das Ziborium nicht schließt! Jean de Poltrot[14], Balthazar Gérard[15], Jacques Clément[16], Jean Châtel[17], Jean Guignard[18], François Ravaillac[19], schärft eure heiligen Degen, ladet eure heiligen Pistolen! Europa, schwimme im Blut, während der Stellvertreter Gottes,

Mt 16,17

10 Voltaire gibt Beispiele für innerchristliche Kämpfe, zunächst: Streitereien im 4. Jahrhundert.

11 Streitereien im 5. Jahrhundert.

12 Streitereien das italienische Mittelalter hindurch.

13 Die sogenannte Konstantinische Schenkung, deren Urkunde von Lorenzo Valla (1407–1457) als Fälschung entlarvt wurde.

14 Fanatischer Hugenotte, der 1563 François de Lorraine erschoss.

15 Fanatischer Katholik, der 1584 Wilhelm von Oranien erschoss.

16 Fanatischer Katholik, der 1589 Heinrich III. erstach.

17 Fanatischer Katholik, der 1594 versuchte, Heinrich IV. zu erstechen.

Alexander VI.[20], von Mord und Gift besudelt, in den Armen seiner Tochter Lukrezia schläft, während Leo X.[21] im Vergnügen badet, während Paul III.[22] seinen Bastard mit Raubgut aus aller Herren Länder bereichert, während Julius III.[23] seinen Affenwärter zum Kardinal macht (eine Würde, die besser zum Affen als zum Wärter passt), während Pius IV.[24] den Kardinal Caraffa erdrosseln lässt, während Pius V.[25] die Römer unter den Raubzügen seines Bastards Buoncompagni[26] stöhnen lässt, während Clemens VIII.[27] die Geißel Heinrich IV. in die Hand gibt, damit sie auf den Hintern der Kardinäle d'Ossat und Duperron niedergeht! Vermischt also die Lächerlichkeit eurer italienischen Possen mit dem Gräuel eurer Beutemacherei:

18 Jesuit und Komplize Jean Châtels.

19 Fanatischer Katholik, dem es 1610 gelang, Heinrich IV. zu erstechen.

20 Voltaire führt im Eilschritt durch die Ahnengalerie der für besondere Korruption berühmten Renaissance-Päpste, zunächst: der berüchtigte Rodrigo Borgia (1431–1503), der von 1492 bis 1503 regierte.

21 Der kunstsinnige Giovanni de' Medici (1475–1521), der von 1513 bis 1521 regierte.

22 Der nepotistische Alessandro Farnese (1468–1549), der von 1534 bis 1549 regierte.

23 Der auch sehr nepotistische Giovanni Maria Ciocchi del Monte (1487–1555), der von 1550 bis 1555 regierte.

24 Der bauwütige Giovanni Angelo Medici (1499–1565), der von 1559 bis 1565 regierte.

25 Der fanatisch asketische Antonio Michele Ghislieri (1504–1572), der von 1566 bis 1572 regierte.

26 Zwischen Antonio Michele Ghislieri und Ugo Buoncompagni ist keinerlei Verwandtschaftsbeziehung bekannt: Anders als bei Farnese benutzt Voltaire „bâtard" hier also als

Und dann schickt die Fratres Trigaut und Bouvet[28] nach China, um dort *die frohe Botschaft* zu predigen!

blankes Schimpfwort. Ugo Buoncompagni (1502–1585) indes regierte als Gregor XIII. ab 1572; nach ihm ist der noch heute gültige Kalender benannt.

DER CALOGERO
Ich kann Ihren Eifer nicht verurteilen. Die Wahrheit, gegen die man vergeblich andiskutiert, zwingt mich dazu, einem Teil dessen, was Sie gesagt haben, zuzustimmen. Aber am Ende werden doch auch Sie mir zustimmen, dass es (...)

27 Der gegenreformatorische Ippolito Aldobrandini (1536–1605), der von 1592 bis 1605 regierte.

28 Die beiden Jesuiten wurden 1610 bzw. 1685 als Missionare nach China geschickt. Trigault schrieb auch ein Werk über China, das Voltaire besaß.

Katechismus des Seelsorgers

ARISTON[1]
Werden Sie nun also ein Seelsorger auf dem Land sein, mein lieber Theotimos?

[1] Voltaire vergibt für diesen Dialog zwei sprechende griechische Namen: Ariston ist „der Tüchtigste" und Theotimos „der Gottverehrende".

THEOTIMOS
Ja. Man gibt mir eine kleine Pfarrei, und das ist mir lieber als eine große. Ich verfüge nur über begrenzte Intelligenz und Tatkraft. Ich könnte gewiss nicht die Führung von 70.000 Seelen übernehmen, wo ich selbst doch nur eine habe. Ich habe immer die Zuversicht derer bewundert, die so gewaltige Bezirke auf sich nehmen. Einer solchen Verwaltungsaufgabe fühle ich mich nicht gewachsen. Ich habe Angst vor einer zu großen Herde, aber einer kleinen werde ich Gutes tun können. Ich habe genug Rechtswissenschaften studiert, um nach Möglichkeit zu verhindern, dass sich meine armen Gemeindemitglieder mit Prozessen ruinieren. Ich verstehe genug von der Medizin, um ihnen einfache Heilmittel zu empfehlen, wenn sie krank sind. Ich verfüge über ausreichende landwirtschaftliche Kenntnisse, um ihnen hin und wieder einen guten Rat zu geben. Der Herr der Ortschaft und seine Frau sind weltläufige Leute, keine Frömmler, und werden mir dabei helfen, Gutes zu tun. Ich glaube, dass ich mich einigermaßen glücklich schätzen darf, und dass man in meiner Nähe nicht unglücklich sein wird.

ARISTON
Stört es Sie denn nicht, niemals heiraten zu können? Das wäre ein großer Trost. Wäre es nicht schön, nach einem Tag voller Lobpreis, Gesang, Beichte, Kommunion, Taufe und Beerdigung nach Hause zu kommen und dort eine liebenswürdige, umgängliche und aufrechte Frau anzutreffen, die sich um Ihre Wäsche und um Ihre ganze Person kümmert, die in der Gesundheit mit Ihnen lustig ist, die sich um sie sorgt, wenn Sie krank sind, und die Ihnen hübsche Kinder zur Welt bringt, deren gute Erziehung dem Staate nützlich sein wird? Ich beklage Sie, dass Sie Dienst an den Menschen leisten, aber eines Trostes beraubt sind, den alle Menschen notwendig brauchen.

THEOTIMOS
Die griechische Kirche gibt sich Mühe, ihre Seelsorger zur Hochzeit zu ermutigen, die anglikanische und die protestantische Kirche besitzen dieselbe Weisheit. Die lateinische Kirche besitzt eine andere Weisheit, ich muss mich unterwerfen. Vielleicht könnte heute, da der Geist der Philosophie doch solche Fortschritte gemacht hat, ein Konzil Gesetze erlassen, die der Menschheit wohlgesonnener wären, als es das Konzil von Trient gewesen ist. Bis es so weit ist, muss ich mich den geltenden Gesetzen beugen. Ich weiß, dass es ziemlich viele sind, aber es haben sich ihnen schon Leute unterworfen, die mehr wert waren, als ich es bin, und so darf ich nicht murren.

ARISTON
Sie haben studiert und Sie sprechen wie ein Studierter. Wie haben Sie vor, vor der Landbevölkerung zu predigen?

THEOTIMOS
So wie ich auch vor Königen predigen würde. Ich werde immer über Moral sprechen und niemals über Meinungsstreitereien. Gott bewahre mich davor, mich auf Themen einzulassen wie die konkomitierende Gnade, die effektive Gnade, der man widersteht, oder die zureichende Gnade, die nicht zureicht; ich will auch nicht erörtern, ob die Engel, die mit Abraham und Lot aßen, einen Körper besaßen oder nur zu essen vorgaben. Es gibt tausend Dinge, die meine Hörerschaft nicht verstehen wird und ich ebenso wenig. Ich werde versuchen, anständige Leute zu bilden und es selber zu sein; ich werde nicht versuchen, Theologen zu erziehen und selbst so wenig wie möglich einer sein.

Gen 18,1 und Gen 19,1 →

ARISTON
Das nenne ich einen guten Seelsorger! Ich will mir ein Landhaus in Ihrer Pfarrei kaufen. Sagen Sie mir bitte auch, wie Sie es mit der Beichte halten werden?

THEOTIMOS
Die Beichte ist eine ausgezeichnete Sache, ein Zügel für die Verbrechen, der bereits im allerältesten Altertum erfunden wurde. Man beichtete, wenn

man die Feier der uralten Mysterien beging. Diese kluge Praxis haben wir nachgeahmt und geheiligt. Die Beichte ist nützlich, um von Hass entzündete Herzen zur Vergebung zu bewegen, und um den kleinen Dieben eine Gelegenheit zu verschaffen, zurückzugeben, was sie ihrem Nächsten gestohlen haben. Die Beichte macht aber auch einige Schwierigkeiten. Es gibt viele indiskrete Beichtväter, besonders unter den Mönchen, die zuweilen den Mädchen mehr Dummheiten beibringen als alle Burschen eines Dorfes zusammen. Einzelheiten haben in der Beichte nichts verloren. Sie ist kein gerichtliches Verhör, sondern das Bekenntnis seiner Verfehlungen gegenüber dem Höchsten Wesen, das ein Sünder unter den Augen eines anderen Sünders ablegt, der auch sich selbst anklagen wird. Dieses heilsame Bekenntnis ist keineswegs dazu gemacht, die Neugier der Menschen zu befriedigen.

ARISTON
Und werden Sie von der Exkommunikation Gebrauch machen?

THEOTIMOS
Nein. Es gibt Rituale, bei denen Grillen, Zauberer und Schauspieler[2] exkommuniziert werden. Ich werde Grillen keineswegs verbieten, in die Kirche zu gehen, da sie sowieso nie kommen.

Ich werde keine Zauberer exkommunizieren, weil es keine Zauberer gibt. Was die Schauspieler betrifft, so sind sie vom König bezahlt, vom Magistrat genehmigt, und ich werde mich hüten, schlecht von ihnen zu sprechen. Ich kann Ihnen als meinem Freund sogar gestehen, dass ich Geschmack am Theater finde, wenn es die Sitten nicht entsetzt. Den *Misanthropen* oder *Athalie* oder andere Stücke, die mir wie Schulen der Tugend und des Anstandes erscheinen, liebe ich leidenschaftlich.[3] Der Herr meines Dorfes lässt in seinem Schloss immer wieder Stücke von einer jungen, talentierten Schauspielertruppe spielen. Diese Darbietungen begeistern zur Tugend, indem sie zum Vergnügen locken. Sie bilden den Geschmack, sie lehren uns ordentliche Rede und ordentliche Aussprache. Alles, was ich dort erblicke, ist sehr unschuldig, ja sehr nützlich. Zu diesen Schauspielen zu gehen wird für meine eigene Bildung gut

2 In Frankreich wurden Schauspieler qua Berufsstand exkommuniziert und konnten also keine Sakramente (von der Hochzeit über die Taufe der Kinder bis zur Beerdigung) empfangen. Mit Aufgabe des Schauspielerberufes endete die Exkommunikation automatisch.

3 Der angehende Seelsorger teilt Voltaires Theatergeschmack: *Athalie* (1691) ist die letzte Tragödie Jean Racines (1639–1699), und gilt Voltaire als absolutes Meisterwerk des französischen Theaters bzw. der Menschheit überhaupt. Fast ebenso hoch steht Molière (1622–1673), der Autor der Komödie *Le Misanthrope*, der „Menschenfeind“. Auch dieses Werk nennt und empfiehlt Voltaire oft – nicht zuletzt weil Jean-Jacques Rousseau, der dem Theater spinnefeind ist, das Stück ausdrücklich kritisierte.

sein; aber ich werde in einer vergitterten Loge sitzen, um nicht bei den Geistesschwachen für einen Skandal zu sorgen.[4]

4 Beim bereits genannten Konzil von Trient wurde ebenfalls erlassen, dass Geistliche Theaterdarbietungen nicht beiwohnen dürfen.

ARISTON
Je mehr Sie mir Ihre Ansichten offenbaren, umso mehr bekomme ich Lust, Teil Ihrer Gemeinde zu sein. Eine wichtige Sache gibt es noch, die mich umtreibt. Was werden Sie dagegen tun, dass sich die Bauern an den Feiertagen besaufen? Denn dergestalt feiern sie hauptsächlich jene Tage. Da sieht man die einen, vom flüssigen Gift ganz überwältigt, den Kopf bis auf die Knie hängend, die Hände baumelnd, sie sehen nichts und sie hören nichts, sie sind auf eine Stufe deutlich unter den Tieren gesunken und werden von ihren in Tränen aufgelösten Frauen schwankend nach Hause geführt – unfähig, am nächsten Tag zu arbeiten, nicht selten krank und verblödet für den Rest ihres Lebens. Andere sieht man vom Wein rasend werden, blutige Streitereien anzetteln, schlagen und geschlagen werden, und zuweilen enden diese erschreckenden Szenen, Schmach des Menschengeschlechts, im Mord. Man muss anerkennen, dass dem Staat mehr Untertanen durch Feiertage als durch Schlachten verlorengehen. Wie werden Sie in Ihrer Pfarrei diesem so abscheulichen Missbrauch Abhilfe schaffen können?

THEOTIMOS
Meine Position ist klar. Ich werde den Leuten erlauben, ich werde sie sogar dazu drängen, auch an Feiertagen nach

dem Gottesdienst, den ich in aller Frühe halten werde, ihre Felder zu bestellen. Die Muße des Feiertages führt sie ins Wirtshaus. Werktage sind keine Ausschweifungs- und Mordtage. Maßvolle Arbeit trägt zur Gesundheit des Körpers und der Seele bei, und darüber hinaus ist Arbeit für den Staat unerlässlich. Nehmen wir an, dass fünf Millionen Menschen am Tag durchschnittlich für zehn Sous Arbeit leisten; diese Rechnung ist sehr vorsichtig. Diese fünf Millionen Menschen verurteilen Sie nun an dreißig Tagen im Jahr zur Nutzlosigkeit. Also verliert der Staat Arbeitskraft im Wert von dreißig mal fünf Millionen 10-Sous-Münzen. Gott hat sicherlich niemals Verlust oder Besäufnis angeordnet.

ARISTON
So werden Sie Gebet und Arbeit in Einklang bringen; Gott gebietet beides. Sie werden Gott und Ihrem Nächsten dienen. Aber zu welcher Partei werden Sie bei kirchlichen Streitigkeiten halten?

THEOTIMOS
Zu keiner. Keine Auseinandersetzung wird je über die Tugend geführt, denn sie stammt von Gott. Gestritten wird über Meinungen, sie stammen von den Menschen.

ARISTON
Das nenne ich einen guten Seelsorger! Einen guten Seelsorger!

Nachwort

„Katechismus“ ist ein ehrfurchtgebietender Begriff. Er gehört zur Theologie, nicht zur Philosophie. Mit diesem Begriff, wörtlich etwa „Unterricht, Unterweisung“, wurde seit der Zeit der Kirchenväter die mündliche Instruktion frischgetaufter Christen bezeichnet; mit der Zeit übertrug er sich auf Texte und Bücher, die diese Instruktion in immer geregeltere, ausdifferenziertere Bahnen lenkte. Im Katechismus sind die Inhalte der christlichen Religion niedergelegt, systematisch geordnet und in Form des Wechsels von Frage und Antwort dargeboten. Das Glaubensbekenntnis, die Sakramente, der Status der Bibel und der wichtigsten Gebete sind hier erklärt und fixiert; es handelt sich sozusagen um die Allgemeinen Geschäftsbedingungen der christlichen Seligkeit.
Die schwierigen Fragen des Lebens und des Sterbens werden leicht und klar beantwortet, nicht nur unmissverständlich, sondern auch verbindlich.

So verwundert es nicht, dass die Gattung Katechismus in Blüte steht, sobald es im Bereich der Religion zu Streitigkeiten und zur Abspaltung neuer Konfessionen kommt. Die Renaissance erlebt mit der Reformation auch eine Vervielfältigung der Katechismen: Protestantische Splittergruppen artikulieren sich durch zahlreiche solcher Texte (Luther allein schreibt mehrere), die Katholiken halten in der gleichen Gattung dagegen, die anglikanische Kirche hat ihren Katechismus, sogar die Quäker haben einen. Es gibt Katechismen für Gläubige, andere für Pfarrer, es gibt welche für Kinder und welche für Greise. Über die Zeit verändern sich diese

Bücher natürlich, werden überarbeitet und angepasst, aber beharren dabei doch auf ihrem Überzeitlichkeits- und Gültigkeitsanspruch. Bis heute lässt man sich dabei nicht zu sehr von der Welt irritieren. So führt beispielsweise der von Papst Johannes Paul II. auf den Weg gebrachte und noch heute gültige „Katechismus der Katholischen Kirche“ das offizielle Kürzel „KKK“. *Honi soit qui mal y pense*.

Kann es also einen Katechismus der Aufklärung, der Freiheit und der Toleranz geben? Repräsentiert diese Textgattung nicht das genaue Gegenteil der Losung *Sapere aude, Wage es zu denken*, die Kant 1784 ausgibt? Voltaire, der Aufklärer, wagt sich auf dieses Gebiet. Er schreibt insgesamt fünf Texte, die er im Titel als *Katechismus* bezeichnet und die in diesem Bändchen erstmals versammelt werden. Voltaire kapert den Begriff, nutzt seinen Aplomb, entführt ihn aus dem Bereich des Kampfes innerhalb einer Religion in den des Kampfes gegen die Religionen. Bereits mit diesem Titelwort spielt er die entwaffnende Ironie und den stechenden Sarkasmus aus, die auch den Inhalt seiner „Unterweisungen“ prägen.

Aber einen Aspekt des Katechismus behält Voltaire ganz unironisch bei: Es geht um Dinge, die nicht verhandelbar sind, um Grundsätze, die anzuerkennen, und Haltungen, die einzunehmen sind, wenn man ein Teil der Konfession *Aufklärung* sein möchte. Man muss die Gesellschaft nicht umstürzen, nicht einmal den Glauben an einen Gott austreiben – aber man muss den Herrschaftsanspruch und die weltlichen Institutionen der Religionen zurückdrängen, die Verbreitung ihrer manipulativen Märchen beenden und die Menschheit sozusagen zur spirituellen Selbstversorgung befähigen.

„Die Toleranz ist der erste Artikel in meinem Katechismus, und ich würde glücklich sterben, wenn ich noch erleben könnte, wie Verfolgung und Fanatismus in Verruf geraten“, schrieb Voltaire in einem undatierten Brief an Philippe Debrus 1762 oder 1763, ohne sich auf einen bestimmten Text zu beziehen. Aber seine fünf Katechismen entstehen in genau diesen Jahren.

Voltaire, 1694 in Paris geboren, wird mit Beginn der 1760er-Jahre auf seinem Landgut in Ferney, unweit Genfs, sesshaft. 1759 ist der *Candide* erschienen (im gleichen Jahr wird Kants Bewerbung auf den Logiklehrstuhl von Königsberg abgelehnt), Voltaires Erzählkunst ist auf der Höhe, zugleich geht er als Gutsherr und Gärtner Fragen der Gesellschaft und Moral unmittelbar an. An den Kardinal de Bernis schreibt er im Sommer 1762 in hymnischem Tonfall: „Lang lebe die Literatur! Lang leben die Künste! Lang leben jene, die ein wenig Geschmack für sie besitzen, und gar etwas Leidenschaft. Mein Herr, je älter ich werde, desto mehr glaube ich, daß ich – Gott verzeih es mir – weise werde; denn ich beschäftige mich nur noch mit Literatur und Landwirtschaft. Das fördert die Gesundheit des Körpers und der Seele, und Gott weiß, wie man da über die vergangenen eigenen Verrücktheiten und die Verrücktheiten unserer menschlichen

Brüder lacht.“ In Ferney agiert er in großem Stile. Auf der ausgedehnten Liegenschaft leben und arbeiten, als Voltaire sie 1758 erwirbt, kaum 150 Menschen. Er sorgt für bessere Lebensbedingungen, lässt eine Unzahl von Häusern und öffentlichen Gebäuden errichten, Sümpfe trockenlegen, er fördert Zuzug und Arbeit. Zwanzig Jahre später, als der sesshafte Voltaire wie ein Lachs nach Paris zurückkehrt und stirbt, hat der Ort 1.200 Einwohner. Die Literatur aber, die Voltaire neben dieser Landwirtschaft betreibt, ist mehr und mehr dem Kampf gegen die Kirche, gegen Religion, Aberglauben und Vorurteil gewidmet.

Auf dem Gut Ferney gibt es auch eine Kapelle, die Voltaire renovieren und 1761 mit einer koketten Inschrift versehen lässt: *DEO EREXIT VOLTAIRE*. Diese Inschrift wird meist mit „für Gott von Voltaire errichtet“ übersetzt, aber ich bin überzeugt, dass es heißen muss „von Voltaire für Gott errichtet“. Voltaire latinisiert nicht mal seinen Namen. Ebenfalls 1761 beginnt er, seine Briefe und schriftlichen Äußerungen mit dem Motto *Écrasez l'infâme* (zuweilen verkürzt zu *ecrlinf*) zu unterzeichnen: *Zermalmt, vernichtet die Niederträchtige*. Damit ist die Kirche gemeint. Der Charakter dieser doppelten Geste, alle Energie gegen die Kirche zu schleudern, aber an Gott unmittelbar festzuhalten, findet sich auch in den religionskritischen Schriften wieder, die, in großem Stile wie seine Landwirtschaft, die Druckerpressen verlassen: 1762 erscheint die *Predigt der Fünfzig*, 1763 die Abhandlung *Über die Toleranz* und der *Katechismus des weltläufigen*

Mannes, 1764 das *Philosophische Taschenwörterbuch*, 1766 der *Unwissende Philosoph* sowie die *Bedeutende Untersuchung des Lord Bolingbroke* und die *Fragen Zapatas*, 1767 das *Diner beim Grafen Boulainviller*, dazu noch eine Vielzahl kleiner und kleinster Texte. Hinzu kommen antiklerikale Schriften, die Voltaire ediert, etwa Auszüge aus dem Werk Jean Mesliers 1762, und entsprechende, thematisch konzentrierte Sammlungen der zahllosen kurzen Texte wie das *Evangelium der Vernunft* (1764) und der *Notwendige Sammelband* (1766). In Letzteren nimmt er auch das *Glaubensbekenntnis des Savoyischen Vikars* aus Rousseaus *Émile* (1762) auf. Rousseaus Vikar verlässt sich zwar auf sein Herz und nicht auf seinen Kopf, auch sind die beiden Philosophen nicht immer gut aufeinander zu sprechen, aber diesen einen Text Rousseaus schätzt Voltaire doch sehr. Voltaire ist auch dann tolerant, wenn sein Kerngeschäft in der Ablehnung und Demontage traditioneller Werte und Institutionen besteht.

Hierzu stimmt auch der Umstand, dass er Rousseau als fiktiven „Übersetzer" des *Katechismus des weltläufigen Mannes* nahelegt – das ist einerseits ein grotesker Scherz, aber andererseits auch eine Hommage auf den soeben erschienenen *Vikar*. Ein knappes Jahrzehnt zuvor, 1756, hatte Rousseau in einem Brief an Voltaire dessen Gedicht *Die natürliche Religion* als einen veritablen „Katechismus des Menschen" gefeiert und den Meister aufgefordert, auch einen „Katechismus des Staatsbürgers" zu schreiben. Ob der „catéchisme de l'homme" und der „catéchisme du citoyen“ aus diesem Brief schließlich verschmolzen sind zum *Catéchisme de l'honnête homme*?

●

Voltaire artikuliert seine Kritik an der christlichen Religion und der von ihr geprägten Gesellschaftsordnung in immer neuen Zusammenhängen und Härtegraden. Die literarische Form seiner Kritik speist sich oft aus Formen der Mündlichkeit, es sind Reden, Dialoge, Berichte von Gesprächen – und das gewürzt mit der Terminologie des Gegners: nicht einfach Reden, sondern *Predigten* oder *Homilien*, nicht einfach Dialoge, sondern *Priesterliche Unterweisungen* oder eben *Katechismen*. Das setzt sich bis ins Detail fort, wenn Voltaire etwa einen Dekalog von genau zehn Einwänden gegen das Alte Testament aufstellt.

Nur der *Katechismus des weltläufigen Mannes* erscheint als selbstständige Broschüre und erlebt nach 1763 viele Auflagen mit fast ebenso vielen Überarbeitungsstufen (die vorliegende Übersetzung enthält auch Erweiterungen sowie eine längere Variante von 1764). Die schlanke Schrift verbreitet sich rasch und wird auch in das *Evangelium der Vernunft* und den *Notwendigen Sammelband* aufgenommen. Bereits im Herbst 1763 berichtet D'Alembert in einem Brief aus Potsdam von der geselligen Lektüre des Textes im Kreis von Sanssouci. Die vier anderen Katechismen erscheinen im Rahmen des *Philosophischen Taschenwörterbuchs*: Der *Chinesische Katechismus*, der *Katechismus des Seelsorgers* und der *Japanische Katechismus* sind Teil der Erstauflage dieses

Furore machenden Buches im Juli 1764; der *Katechismus des Gärtners* erscheint erstmals in einer Folgeauflage im Dezember 1764. Heute ist Voltaire eine anerkannte, tragende Säule der europäischen Geistesgeschichte. In den Monaten nach seinem Erscheinen aber wird das *Philosophische Taschenwörterbuch* in Genf und Paris öffentlich verbrannt und in Rom auf den Index der verbotenen Bücher gesetzt. Ein Autor der Aufklärung ist im sogenannten Zeitalter der Aufklärung keine von der Obrigkeit besonders geschätzte Figur.

•

Was ist es, das in Voltaires Katechismen als unverhandelbar gesetzt wird, worin behält er die Strenge der „Unterweisung“? Hier stellt der Philosoph viele traditionelle Glaubenslehren und Dogmen auf den Kopf: An die Stelle des Glaubensbekenntnisses tritt das Bekenntnis zur Glaubensfreiheit, an die Stelle der unfehlbaren Gewissheit tritt das Eingeständnis der Unwissenheit. Der Herrschaftsanspruch des Übersinnlichen wird zugunsten diesseitiger moralischer Ordnung verabschiedet. Der Priester wird vom Hirten, der seine Schafe naturgemäß schert und grillt, zum Freund und Helfer. Die unbedingte Einschwörung auf eine Konfession wird ersetzt durch die freie Abwägung zwischen verschiedenen Religionen. In Voltaires *Katechismen* kann man sein berühmtes Bonmot über den Gott, den man erfinden müsste, wenn es ihn nicht gäbe, gleichsam in Aktion beobachten: Die Vorstellung eines im Jenseits zu Gerichte sitzenden Schöpfergottes, an der Voltaire stets eisern festhält, ist eine mit Blick auf den sozialen Frieden legitimierte Übereinkunft in der Gesellschaft, nicht mehr und nicht weniger, so der *Chinesische Katechismus*. Dass die Religion „nur“ ein kulturelles Konstrukt wie die korinthische Säule oder die G-Dur-Tonleiter ist, das mag zu Voltaires Zeit wie auch heute als „radikale“ Ansicht gelten, aber neu ist sie nicht. „Götter sind nützlich. Sind sie nützlich, lasst uns an sie glauben“, schrieb schon Ovid.

Dass die Religion *nützlich* sein soll, wie Voltaire in mehreren seiner *Katechismen* betont, dass er seinen Deismus in der Natur und der Vernunft verankern will, deutet auf den sozialen, überpersönlichen Anspruch hin, den Voltaire an die Religion und ihre weltlichen Institutionen stellt. Die Gretchenfrage, „Wie hast du's mit der Religion?“, die erstmals um 1770 in Goethes *Urfaust* erscheint, steht hier nicht im Zentrum. Sie betrifft eine Privatsache einerseits, sie umreißt das Jagdrevier der herrischen Religionen andererseits. Faust nämlich weicht der berühmten Frage mit Allgemeinplätzen aus, die Gretchen nur zu bekannt vorkommen: „Das ist alles recht schön und gut; / Ohngefähr sagt das der Catechismus auch, / Nur mit ein bissgen andern Worten.“ Voltaires Figuren fragen zwar ganz ähnliche Fragen, aber sie unterscheiden sich von der Gretchenfrage deutlich durch den Plural der verfügbaren Religionen und die implizierte Veränderlichkeit der Festlegung: „Welcher Religion hängst du gerade an?“, fragt Tuctan den Gärtner. „Darf ich Sie fragen, welcher Religion Sie hier in Aleppo anhängen?", fragt der Calogero den weltläufigen Mann. Das ist je eine Frage nach der diesseitigen, momentanen Gefolgschaft, die einem bestimmten autoritären Denk- und Glaubenssystem geleistet wird. Konsequenterweise nehmen Voltaires Figuren diese Frage zum Anlass, um jegliche Gefolgschaft aufzukündigen. Sie beziehen eine grundsätzliche Position. Goethes Faust behauptet zur Rechtfertigung seines Ausweichens: „Will niemand sein Gefühl und seine Kirche rauben." Die Aufklärung könnte das so nicht behaupten. Sobald die Gretchenfrage in den Plural gesetzt und der persönlichen Abwägung übergeben wird, geht es nicht mehr um Gefühl und Glauben, sondern um Gründe, Ethik und Welt.

An den Genfer Pastor Jacob Vernes schrieb Voltaire 1767: „Ich bin von Natur aus ein klein wenig hartnäckig. Jean Jacques [sc. Rousseau] schreibt nur, um zu schreiben, ich hingegen schreibe, um zu handeln." Voltaire macht die Religionen nicht nur zu einer informierten Wahl zwischen Alternativen, zu wechselnden Gewändern ein und derselben sozialen Ordnungsleistung, zu einem geographisch und historisch gewachsenen und wachsenden Phänomen, sondern gliedert sie auch einem ganz diesseitigen, pragmatischen Konzept von Sozialverträglichkeit, Bildung und Anstand ein. Der Begriff der *honnêté* taucht in den *Katechismen* immer wieder auf und kann entsprechend kaum auf einen Nenner gebracht werden. Im *Katechismus des Gärtners* etwa kommt die kernige Bestimmtheit und gesellschaftliche Selbstverständlichkeit der lateinischen *Ehre* (*honos*) am deutlichsten durch. Mit Hinweis auf seine grundsätzliche *honnêté* erklärt der Gärtner Karpos, warum er die Persönlichkeitsrechte seiner Tochter wahrt, und unterbindet damit prompt alle Haarspalterei: Ist es denn wirklich so schwer, zwischen richtig und falsch, zwischen anständig und verbrecherisch, zwischen respektvoll und übergriffig zu unterscheiden?

Eine andere Färbung erhält die *honnêté* in der festen Begriffsfügung des *honnête homme* – dem Titelbegriff des *Catéchisme de l'honnête homme*, der hier als *Katechismus des weltläufigen Mannes* übersetzt wird. Im *honnête homme* erscheint die *honnêté* nicht so sehr als Äußerung jenes „natürlichen Gesetzes, das alle Gesetzgeber gelehrt haben und das in die Herzen aller Menschen eingeschrieben ist", sondern vielmehr als Ergebnis von Bildung und Kultur. Der rechtschaffene, weltläufige Mann des Katechismus ist kein Gelehrter von Beruf, aber er hat intensiv gelesen, selbst gelesen; er verschafft sich einen Überblick und wagt es dann, sich seines eigenen Verstandes zu bedienen. Und nicht zuletzt sammelt und überprüft er seine Erkenntnisse in der geographischen Breite, in der Vielfalt der Gesellschaften und Lebenswirklichkeiten. Er bereitet sich darauf vor, von Aleppo nach Europa zu reisen, vom Ort gelingender Vielfalt zum Ort scheiternder Vielfalt. Aber nicht nur als Reisender ist er welt-läufig. Er bemüht sich um Kulturrelativismus, Quellenkritik und einen möglichst weiten Horizont. Wie viele Figuren Voltaires besteht er vehement auf seiner eigenen Unwissenheit und beharrt auf der Weigerung, unverständlichen Befehlen zu gehorchen. An diesem *honnête homme* spürt man noch, dass die Geschichte des Begriffs im italienischen Hofmann der Renaissance, dem *cortegiano,* ihren Anfang nimmt; und auch ein Echo der Definition Michel de Montaignes lässt sich vernehmen, der im Anschluss an eine spöttische Ausführung über diejenigen, die mental und/oder physisch nie ihr Dorf verlassen, schreibt: *un honnête homme c'est un homme mêlé. Mêlé* bedeutet gemischt, zusammengesetzt, vielfältig; in diesem Menschen, der gemischt und heterogen ist, weil er sich auf Welt einlässt, fallen Rechtschaffenheit und Weltläufigkeit zusammen. Voltaires *honnête homme* und seine engen Verwandten wollen die Religion nicht ersatzlos streichen – aber sie sind sich, mit einem optimistischen Blick auf die Menschheit, doch sicher, dass es zur Aufrechterhaltung diesseitiger Moral und Sozialordnung keiner übersinnlichen Schwärmereien und gewiss keiner Inquisition bedarf.

●

Inzwischen wissen wir, wie ausdauernd man verdrängen und wie prompt man wieder vergessen kann, dass das stimmt. Der bittere Spott, den Voltaire über der Bibel, ihren Fabrikanten und ihren Nutznießern, über Propheten, Offenbarungen und Pfaffen aller Art ausgießt, kann geradewegs weiterfließen. Der Status der Bibel oder des Koran wird immer noch aufgebläht, als seien das keine Bücher unter Büchern. Die Sache der Aufklärung muss also in Bewegung bleiben.

In Voltaires Roman *Candide* (1759) stolpert der Held durch das Chaos der Welt und leidet an der Verblendung, dass alles von Gott bestmöglich eingerichtet sei, weil er zu viel Leibniz eingetrichtert bekam; in dem Candide-Remix *Faustin oder das aufgeklärte philosophische Jahrhundert* (1783) von Johann Pezzl stolpert der Held ebenso, aber leidet an der Verblendung, dass Europa bereits aufgeklärt sei, weil er zu viel Voltaire gelesen hat. Die Sache muss in Bewegung bleiben und sich aktiv gegen den Herrschaftsanspruch und die weltliche Einflussnahme der Religionen positionieren. Das darf nicht nur bedeuten, dass man kundtut, wie doof man islamistische Enthauptung und katholische Kinderschändung findet oder mit welcher Irritation man schon wieder Kirchensteuer gezahlt hat, man muss gründlich aufräumen. Das narzisstische Phantasma beispielsweise, dass der Planet *für uns* da ist, dass das Weltall gar *für uns geschaffen* wurde, erschwert die Arbeit des Umweltschutzes extrem; der Slogan „Schöpfung bewahren" enthält immer noch genau die gleichen Dummheiten, auf denen Voltaire vor 250 Jahren herumritt. Wenn Voltaire sagt, er schreibe, um zu handeln, könnte das für seine Leser den Anspruch bedeuten, zu lesen, um zu handeln. In jedem Falle aber wusste er, dass es bei so ehrfurchtgebietenden und schreckenerregenden Themen wie der Religion nicht mit einigen schneidigen Schriften getan ist, sondern dass nur eine laufende, gleichsam *honnêtement* gärtnerische Arbeit verhindern kann, dass wir uns wegen archaischer Träumereien gegenseitig den Schädel einschlagen, wieder und wieder. So schreibt er 1742 im Widmungsbrief seiner Tragödie *Der Fanatismus oder Mohammed*, der an Friedrich II. in Sanssouci gerichtet ist: „Wer sagt, dass die Zeit solcher Verbrechen vorüber ist, dass man keine Bar Kochbas, keine Mohammeds und keine Jan van Leidens mehr sehen wird, dass die Flammen der Religionskriege erloschen sind, der tut, wie mir scheint, der menschlichen Natur eine zu große Ehre an. Das gleiche Gift wirkt immer noch, mag es auch weniger entwickelt sein. Diese Pest, die man besiegt glaubte, bringt von Zeit zu Zeit Keime hervor, die die Erde verseuchen können." Seit 2020 würde man wohl nicht mehr von „Keimen", sondern (genauer) von „Mutanten" sprechen. Seit 2020 ist die Hagia Sophia auch kein Museum mehr.

Die vorliegende Übersetzung der fünf *Katechismen* folgt der kritischen Ausgabe

> LES ŒUVRES COMPLÈTES DE VOLTAIRE
> Band 35/36: *Dictionnaire philosophique.*
> Herausgegeben unter der Leitung von Christiane Mervaud.
> Voltaire Foundation Oxford 1994.
> und
> Band 57a: *Writings of 1763–1764.*
> Herausgegeben von Jeroom Vercruysse, Graham Gargett, Antonio Gurrado et al.
> Voltaire Foundation Oxford 2014.

Die vorliegende Ausgabe der *Katechismen* wird von zwei verschiedenen Sorten Fußnoten begleitet:

> den erläuternden Noten des Übersetzers (mit Hochzahl versehen) und den Noten, die Voltaire selbst seinen Texten beigegeben hat (mit einem • gekennzeichnet).

Die Menge von Voltaires Fußnoten schwankt mit den zahlreichen Ausgaben seiner Werke; ich habe versucht, der kritischen Ausgabe folgend möglichst viel abzubilden. Manche Fußnoten Voltaires reagieren auf Einwände oder nehmen sie vorweg, andere sind Erläuterungen oder Querverweise. Letzteres betrifft die *Katechismen* aus dem *Dictionnaire philosophique*, die mit Verweisen innerhalb dieses Wörterbuchs versehen sind (vgl. S. 21 & 31). Diese Querverweise bleiben in der vorliegenden Übersetzung erhalten, auch wenn sie zunächst ins Leere führen; von der Erstausgabe des *Philosophischen Taschenwörterbuchs* vom Juli 1764 liegt inzwischen eine deutsche Übersetzung von Angelika Oppenheimer vor, 2020 bei Reclam erschienen, sodass man den Querverweisen dorthin folgen kann.

Umschlag und Vorsatzblatt zeigen einen Stich mit der *Apotheose Voltaires*. Das Gesicht des Philosophen offenbart sich als Maske, die der triumphierende Apoll getragen hat. Das dem König von Preußen, Friedrich II., gewidmete Blatt wurde 1782 von Pierre François Legrand (1743–1824) gestochen; als Erfinder der Bildidee ist Robert-Guillaume Dardel (1749–1821) angegeben, sowie das Jahr 1778, Voltaires Todesjahr. Das Original, von dem mehrere Abzüge in der Bibliothèque nationale de France Paris verwahrt werden, misst 30 cm × 34 cm.

Der VERLAG DAS KULTURELLE GEDÄCHTNIS dankt seinen Unterstützern: Reinhart Binder, Frederic Böhle, BUCHMARKT, Andrew & Jeff Goldstein, Philipp Graf, Eva Großjean-Ehe, Heinz Hörner, Lucian Krawczyk, Kathrin Kunkel-Razum, DAS MAGAZIN Die Kulturzeitschrift, Friederike Mayer-Lindenberg, Ulrich Noethen, Gabriele Pohlmann, Oliver Razum, Stefan Reiserer, Elisabeth Ruge, Thomas Sarbacher, Thomas Schöttler, Hartmut Sommer, Janine Stratmann, Beate Swoboda, den Gesellschaftern des Verlages sowie einigen Ungenannten, die im Dank eingeschlossen sind.

Die Arbeit des Übersetzers wurde im Rahmen des Programms NEUSTART KULTUR aus Mitteln der Beauftragten der Bundesregierung für Kultur und Medien vom Deutschen Übersetzerfonds gefördert.

NEU START KULTUR

Die Beauftragte der Bundesregierung für Kultur und Medien

ISBN 978-3-946990-56-7
1. Auflage 2021

mis en bouteille au château

Gesamtgestaltung: 2xGoldstein+Fronczek / studio stg
Gestaltung & Satz: 2xGoldstein
Lektorat: Moritz Rauchhaus
Korrektorat: Friederike Mayer-Lindenberg
Druck & Bindung: CPI books GmbH, Ebner & Spiegel Ulm

Mehr zum Verlag auf www.daskulturellegedächtnis.de

Aus Gründen des Umweltschutzes schweißen wir unsere Bücher nicht ein.

APOTHÉOSE

Dediée a Sa Majesté

A Paris chez Le Grand, rue St. Jacques, vis-a-vis celle
de [illegible] N.° 41.

Impr